音読
JAPAN
ヤーパン

ドイツ語でニッポンを語ろう!

浦島 久（著）　Charles De Wolf（訳）

構　　　成 = 土屋晴仁、Richard Blaire
装　　　幀 = 高橋玲奈
編 集 協 力 = Niels Martensen、渡辺暁子
ナレーション = Noah Neumann、Claudia Maaz
録音スタジオ = 株式会社巧芸創作

訳者まえがき

　日本の現代生活にまつわる35のトピックを扱う『音読JAPAN』は、音読とスピーキングに重点をおいた、実践的な英語学習の教材として考案されました。読者の皆さんは、多様なテーマのストーリーを音読し、各トピックに対する賛成・反対意見を参考にすることで、「日本」についてただ紹介するだけでなく、自分の意見も伝えられるようになります。

　今回、ドイツ語版である『音読JAPAN』の刊行に際して、日本語文をそのまま翻訳するのではなく、日本語のことばや表現等が話題になる場合(例えば、「モグリ」という言葉や名前の接尾辞「一ちゃん」など)、補足の説明を加えて、ドイツ語のネイティブ・スピーカーやドイツ語を習っている日本人のために、より一般的で自然な内容にしました。もちろん、日本の文化を理解したり説明したりするのは、単に言語の問題ではありません。　日本で自転車をレンタルしたり、茶道に参加してみたり、様々な体験をする多くの重要なヒントを本書は提供しています。

　ドイツ語は重要な国際言語のひとつであり、ドイツ語を学ぶ人は、ゲーテやシラーといった18〜19世紀の偉大な作家たちが残した文学作品を楽しむことができるでしょう。

> Wer nie sein Brot mit Tränen aß,
> Wer nie die kummervollen Nächte
> Auf seinem Bette weinend saß,
> Der kennt euch nicht, ihr himmlischen Mächte.

> 涙とともにパンを食べたことがない者、
> 苦しみに満ちた夜に
> ベッドの上で泣いたことのない者は、
> あなたを知らない　天上の力よ
> 　　　　　　　　(ヨハン・ヴォルフガング・フォン・ゲーテ Johann Wolfgang von Goethe)

　長年英語を勉強してきた日本人は、ドイツ語を習い始めると、どことなく英語と似ている単語が多いことに気がつくでしょう。それは、英語とドイツ語が同じゲルマン語派と呼ばれるグループに含まれている、いわば親戚のような関係だからです。

　言うまでもなく、ドイツ語の発音や文法、正書法を習得するためには、大変な努力が必要です。そのために、本書の付属CDを注意深く聞くことは大切な第一歩です。ドイツ語を学ぶ日本人にとって最も難しいのは、英語より複雑なドイツ語の格変化かもしれません。しかし、努力をすればしただけ大きな成果があることでしょう。

Charles De Wolf（須田狼庵）

音読の4つのステップ

ステップ1　準備運動

（1）一度聴いて内容を理解する
（2）速読して内容をさらに理解する
（3）精読して内容を完全に理解する

ステップ2　音読

（1）収録音声を使って音読
（2）収録音声を使わずに音読

ステップ3　シャドーイング

●即座に真似る　●小さめの声で真似る　●リラックスして真似る

ステップ4　サマリー＆意見

（1）自分のドイツ語で要約
（2）自分の意見を述べる

この本の使い方

　この本は一見よくあるリーディング教材に見えます。そのように使っていただいてもいいのですが、音読教材として使えば、さらに効果的な教材になるはずです。ここでは私が推薦する使い方を紹介させていただきます。

　私が考える音読は、単に外国語で書かれた文をうまく読むとか、単語やフレーズを覚えるといったものではありません。総合的に語学力をつけることを目指しています。つまり、何のために音読するのかというと、話せるようになるため、という考えがベースにあります。さらに追求すると、学んだ言語で自分の意見を言えるようになるため、ということになります。

　こんなことを前提に、私の考えるこの本の効果的な利用法を記していきます。これが現在のところ私の信じる「最強の勉強法」です。もちろん、どのような使い方をするかはみなさんの自由です。

ステップ1　準備運動

（1）一度聴いて内容を理解する

　できるだけ内容を理解できるよう耳を傾けてください。リスニングが苦手という人には特にこのプロセスが大事です。

　この1回目のリスニングで80%以上わかるという学習者にはこの教材はやさし過ぎます。もう少しチャレンジングなものを見つけてください。反対に30%ぐらいしかわからないという方には、この教材は最適です。最初はその程度かもしれませんが、この本の最後のストーリーに達する頃までにはあなたのリスニング力は驚くほど上達しているに違いありません。

　ここで大事なことは、たとえわからないところがあってもその部分は聴き流す、ということです。いつまでもそこに固執していると次の独文が流れてきて、さらにわからなくなってしまいます。リスニングのコツは「理解できるところから推測して内容の把握に努める」ことです。

「メモを取ってもいいですか？」とよく聞かれるのですが、私はあまり奨励しません。なぜならドイツ語で実際にコミュニケーションをするときにもメモは取らないからです。メモを取るのは会議や通訳をするときです。どうしてもメモを取りたい方は、あくまでもメモに留め、決して文章にしないこと。慣れてきたら、メモなしで理解できるよう訓練しましょう。

　もう1つ注意したいのは、ここでは音声は二度聴かない、ということです。実社会においては、対面の会話でない場合は、一度しか聴けません。普段からその習慣をつけておけば、1回1回を大事に聴くようになります。

（2）速読して内容をさらに理解する

　できるだけ速く、黙読で内容を理解してください。最初から速く読める人はいませんから、目標としては1つのストーリーを1分から1分半程度で読めるようになればいいでしょう。とりあえず自分ができるレベルから始めてください。たとえば、まずは3分。それが可能になったら2分半で。そんなふうに自分自身で目標の時間を作ってください。この段階では声を出さないようにしましょう。わからない単語があっても辞書を使ってはいけません。わからないところは飛ばして、もちろん収録音声も使いません。

　時間をかけて1文1文正確に訳すことより、即座に内容を把握するように心がけましょう。

　音読は万能ではありません。音読の一番の弱みはスピードです。声に出すと、どうしても速く読めません。スピードという点では音読は黙読に敵わないのです。独文を素早く読めるようになるためには、このプロセスを大切にしましょう。これをやるかやらないかで、後にかなりの差がでます。ここは必ずやりましょう！

（3）精読して内容を完全に理解する

　意味がわからないドイツ語をいくら音読しても効果は期待できません。音読する前に必ず内容を理解しましょう。声に出さずに精読してみて、わからないところがあれば次のページの和訳や単語ノートをヒントにしてく

ださい。

　また、文法書などを参考にしたり、質問に答えてくれるウェブサイトを利用したりするのも1つの手です。

ステップ2　音読

（1）収録音声を使って音読

　いよいよ収録音声を使っての音読です。音声を再生しながら小さな声でついていってください。単語の発音やイントネーションを恥ずかしがらずに真似してみましょう。通しで練習せず、1行1行止めながら練習することもできます。正確に読めるということは、リーディングやスピーキングのためだけでなくリスニングにもプラスになります。つまり「読めないものは聴いてもわからない」という単純な法則です。逆に考えると「読めるものは聴き取れる」ということになります。

　この本の収録音声では男女のネイティブがナレーターとして登場します。少しでも違う外国人の声に慣れることが目的です。幸運なことに日本は外国語教材であふれています。国籍、性別、年齢、声質の異なる多くの外国人が録音に参加しています。色々な声に慣れるためにも、さまざまな教材を活用してください。

（2）収録音声を使わずに音読

　さぁ、今度は音声の再生なしで全体を通して大きな声で読みましょう。なるべくリズミカルに何度も読んでみてください。実際に音読してみるとうまく発音できない単語が出てきたり、なめらかに読めない箇所が出てきます。そんなときはもう一度収録音声でチェックするのがいいでしょう。

　この過程で私が大事だと考えているのは、発音やイントネーションが狂わない限りなるべく速く読むということです。付属の収録音声と同じくらいの速さで読めるようになったら、次はそれより少し速めに読む練習をしてください。

なぜ速く読むのか？ それは速いドイツ語を聴き取れるようになるためです。学習者が聴き取れる言語のスピードは、その人の音読できるスピードと相関関係があるといわれています。つまり速いドイツ語を理解するためには、速く音読する練習が効果的です。カンマとピリオドでしか息継ぎしないように意識するとよいでしょう。

　音読するときに忘れてはいけないのが、口先だけで読むのではダメだということです。意味を理解し、感情を込め、強調すべきところは強調して読む練習をしましょう。自分の目の前に熱心に聞いてくれる人がいるつもりでやってみてください。

ステップ3　シャドーイング

　シャドーイングは同時通訳の練習で使われる手法です。まずはテキストを閉じてください。音声を流したまま、聴こえてきたドイツ語を次々と口に出していくのです。最初はなかなかできないかもしれません。その場合のヒントをいくつか紹介します。

●即座に真似る

　聴こえてきたドイツ語をなるべく間をおかずに即座に真似してみましょう。シャドーイングは正確性よりもスピードを重視した訓練です。聴こえなかったところは諦めて、次に流れてくるドイツ語に集中するようにしましょう。

●小さめの声で真似る

　うまくできない場合は、声を少し小さめにしてみるとできる場合があります。自分の大きな声が収録音声のドイツ語をかき消してしまうからです。それに、大きな声より小さな声のほうが口に出すドイツ語のスピードも速くなります。

●リラックスして真似る

シャドーイングで苦労する人の中には、肩に力が入りすぎている場合があります。シャドーイングはとにかくリラックスしてやることが大事です。「プレーヤーから流れてくる声は、実は自分の声なんだ」くらいに思ってやってみてください。心の持ちようで楽にできるようになります。

どうしてもうまくシャドーイングできない人はもう一度テキストを見て音読の練習をしてください。その際は、収録音声のスピードより少し速く読めるようになるといいです。それができるようになれば、たとえ途中で収録音声に遅れてしまっても素早く口に出すことで追いつくことができるからです。

シャドーイングがうまくなればリスニング力も伸びます。なぜなら、聴こえなければ口からその独文が出せないからです。慣れてくると収録音声とほぼ同時に口から独文が出るようになります。最終的には口に出しながら同時に意味も理解できるようにしたいものです。シャドーイングの効果は計り知れません。ぜひやり方をマスターしてください。

ステップ4　サマリー＆意見

（1）自分のドイツ語で要約

ストーリーに書かれていることを自分のドイツ語で誰かに話して伝える練習です。聞いてもらう人がいなければ鏡の中の自分や好きな俳優やミュージシャンのポスターに話しかけてもいいでしょう。これは会話力をつけるのにとても効果的です。

ここで大事なことは、ストーリーとして書かれていることを一字一句暗記はしない、ということです。何度も音読するうちに文は自然に口から出てくるようになるので、あとはどうやって話の流れを作ればいいか考えるだけです。

まとめ上手になるためのヒントは、相手に話しかけるイメージで行うことです。最初からサマリーがうまくできる人なんていません。どうしても

言えなければ、まずは言いたいことをドイツ語で書いてみてもいいです。慣れてきたら文章ではなくメモにして、それを見ながら話してみましょう。それにも慣れれば、そのメモを頭の中に置いて話すことができるようになるはずです。

（2）自分の意見を加える

　いよいよ最終ステージです。ストーリーに対する自分の意見を言えるようになりましょう。ここは多くの日本人が最も苦手とする部分かもしれません。普段の生活で自分の意見を言うような場面があまりないからです。それをいきなり外国語でやるのですから、簡単なことではありません。

　これができるようになるためには、ドイツ語ができる・できないにかかわらず、常日頃からどんなことに対しても意見をもつ訓練をすることです。大それた意見でなくても、ちょっとした感想程度のものでいいのです。この本では、各ストーリーのあとに8つ（前半4つはポジティブ、後半4つはネガティブ）の意見をサンプルとして載せました。参考にしてください。

＊　＊　＊

　以上、4つのステップを紹介しました。もしかしたらステップを飛ばしたい、という方もいるかもしれません。反対に、もう少しステップを加えたい、という方もいるでしょう。いずれにせよ自分にとってプラスになる形を考えてください。あとは実行あるのみです。

　最初はシャドーイングなどに膨大な時間がかかるかもしれません。でも練習を進めるうちに短縮できるようになるものです。

　いちばん大切なのは行動に移すこと。この本がそのきっかけとなり、私の考える「この本の使い方」が、みなさんの語学力向上のお役に立てると嬉しいです。

付属のCD-ROMについて

本書に付属の CD-ROM に収録されている音声は、パソコンや携帯音楽プレーヤーなどで再生することができる MP3 ファイル形式です。一般的な音楽 CD プレーヤーでは再生できませんので、ご注意ください。

■音声ファイルについて

付属の CD-ROM には、本書のドイツ語パートの朗読音声が収録されています。

パソコンや携帯プレーヤーで、お好きな箇所を繰り返し聴いていただくことで、発音のチェックだけでなく、ドイツ語で文章を組み立てる力が自然に身に付きます。

■音声ファイルの利用方法について

CD-ROM をパソコンの CD/DVD ドライブに入れて、iTunes などの音楽再生（管理）ソフトに CD-ROM 上の音声ファイルを取り込んでご利用ください。

■パソコンの音楽再生ソフトへの取り込みについて

パソコンに MP3 形式の音声ファイルを再生できるアプリケーションがインストールされていることをご確認ください。

通常のオーディオ CD と異なり、CD-ROM をパソコンの CD/DVD ドライブに入れても、多くの場合音楽再生ソフトは自動的に起動しません。ご自分でアプリケーションを直接起動して、「ファイル」メニューから「ライブラリに追加」したり、再生ソフトのウインドウ上にファイルをマウスでドラッグ＆ドロップするなどして取り込んでください。

音楽再生ソフトの詳しい操作方法や、携帯音楽プレーヤーへのファイルの転送方法については、編集部ではお答えできません。ソフトやプレーヤーに付属のマニュアルやオンラインヘルプで確認するか、アプリケーションの開発元にお問い合わせください。

Contents 目次

5 Einkaufen 買い物

6 Verschiedenes 雑学

(m) 男性名詞、(f) 女性名詞、(n) 中性名詞

1

Stadtrundgang
街歩き

1 ▷ Diagonalkreuzung

Manchmal will man eine Kreuzung diagonal überqueren. Normalerweise muß man zweimal warten, bis die Ampel auf grün wechselt. Wenn der Verkehr jedoch in allen Richtungen angehalten wird, kann man zu jeder Seite gehen. Eine solche Kreuzung wird als „Diagonalkreuzung" oder im Englischen als „Scramble Crossing" bezeichnet.

Derzeit befindet sich das beliebteste Beispiel der Welt vor der Shibuya Bahnstation in Tokio. Bei Grün überqueren jedes Mal durchschnittlich 3.000 Menschen die Kreuzung, wobei die tägliche Menge eine halbe Million beträgt. Die Japaner sind an Stoßzeiten gewöhnt und finden es gar nicht erstaunlich, dass so viele Menschen zur gleichen Zeit über eine Straße gehen können, ohne auf einander zu prallen. Ausländer wiederum finden das ein überraschendes Schauspiel. Infolgedessen fahren immer mehr Touristen absichtlich nach Shibuya, um diese seltsame Szene zu beobachten.

Manchmal sieht die berühmte Kreuzung wie eine Veranstaltung auf dem Times Square in New York aus. Jugendliche versammeln sich dort zu Zeiten wie Halloween, Silvester oder zur Zeit der Fußballweltmeisterschaft. Sie begrüssen sich durch

Abklatsch und machen viel Lärm. Obwohl die Polizei die Situation kontrolliert, sind die sogenannten DJ-Polizisten, die die Aufregung auf charmante Weise anführen, beliebt.

In Japan sieht man selten Menschen, die bei Rot über die Straße gehen. Die meisten Japaner respektieren die Verkehrsregeln und warten. Zu Ihrer persönlichen Sicherheit sollten auch Sie diese befolgen.

✣ Wörter und Phrasen

☐ diagonal　対角線の

☐ Stoßzeit (f)　ラッシュアワー

☐ prallen　衝突する

☐ absichtlich　意図的

☐ Lärm machen　大きな音を立てる

☐ auf charmante Weise　魅力的、チャーミング

☐ anführen　引率する

1 Diagonalkreuzung
スクランブル交差点

　交差点で、対角線の向こう側に渡りたいときがあります。通常は信号が変わるのを2回待たなくてはなりません。しかし、車の流れが全方向で止まれば、どこへも横断できるようになります。これはスクランブル交差点と呼ばれています。

　今、世界で一番ホットなスクランブル交差点は東京の渋谷駅前のものでしょう。1回の青信号で渡る人数が平均で3,000人、1日で50万人にものぼります。日本人はラッシュアワーの混雑に慣れています。ですから、これだけの人数が互いにぶつかりもせずに横断する様子に驚くことはありません。一方、外国人には目を見張る眺めとして映るようです。それゆえ、わざわざこの不思議な光景を見に、渋谷に来る観光客もだんだん増えています。

　渋谷のスクランブル交差点は、ときどきニューヨークのタイムズスクエアでのイベントのようになります。ハロウィン、新年、そしてサッカーのワールドカップのときに、若者たちがこの交差点に集います。そして、ハイタッチしたり大騒ぎしたりするのです。この状況を管理下におくために警察が出動します。しかしながら、興奮状態を格好よく整理するDJポリスは人気を得ています。

　日本では信号を無視して横断する人はめったに見ないでしょう。大多数の人はルールを守り、信号が変わるのを待ちます。あなた自身の安全のためにも、この習慣は尊重すべきです。

あなたはどう思う？

賛成・反対意見のサンプルを参考にして、自
分の意見を文章にしてみましょう。

Für 賛 成

1. Diagonalkreuzungen erleichtern das Laufen in der Innenstadt.
スクランブル交差点のおかげで、繁華街での歩行がずっと楽になります。

2. Diagonalkreuzungen sind ein Wahrzeichen des modernen
Japans.
スクランブル交差点は現代日本を象徴する光景です。

3. Es ist sicherer, an einer solchen Kreuzung zu überqueren als an
einem normalen Fußgängerüberweg.
スクランブル交差点を横断する方が、普通の横断歩道を横断するよりも安全です。

4. Große Versammlungen machen Spaß und sind unterhaltsam.
渋谷のスクランブル交差点での大規模なイベントは楽しく、人と交流することもでき
ます。

Wider 反 対

1. Diagonalkreuzungen verursachen Staus in den belebten
Straßen der Innenstadt.
スクランブル交差点は、交通量の多い繁華街の道路では交通渋滞の原因になります。

2. Großveranstaltungen zu Neujahr und Halloween sollten nicht
auf den Hauptstraßen stattfinden.
大晦日やハロウィンのような大きなイベントは、メインストリートで行うべきではあ
りません。

3. Diagonalkreuzungen funktionieren nur in Großstädten.
スクランブル交差点がうまくいくのは大都市だけです。

4. In den Städten sollten mehr Fußgängerbrücken gebaut werden.
都市はもっと歩道橋を造るべきです。

2 ▷ *Kōban*

In der Nähe von Bahnhöfen und großen Kreuzungen befindet sich normalerweise ein kleines Gebäude, ein Polizeiposten, der als *Kōban* bezeichnet wird. Nähert man sich diesen, erblickt man darin Polizisten, die ihren Dienst tun. Japan hat den Ruf, das sicherste Land der Welt zu sein. Zum Schutz der öffentlichen Ordnung steht der *Kōban* an oberster Stelle.

Landesweit gibt es ungefähr 6.300 *Kōban*, in denen zwei oder drei Polizisten im Schichtdienst arbeiten. Der Begriff bedeutet wörtlich „abwechselnd auf Wache stehen". Die Polizeibeamten, die dort arbeiten, werden *O-mawari-san* („geehrter Herr Patroullier/Polizist") genannt. Aber ihre Arbeit bezieht sich nicht nur auf die Nachbarschaft. Sie geben auch Anweisungen, überwachen den Verkehr und beraten bei Unfällen. Sie kümmern sich sogar um Alkoholisierte und greifen in Streitereien ein. Außerdem statten sie jedem Haus und jedem Geschäft in der Nachbarschaft ein- bis zweimal im Jahr einen Besuch ab. Sie führen Aufzeichnungen über Familienmitglieder und Angestellte, was zur Sicherheit bei Katastrophen oder anderen Notfällen erforderlich ist.

Andere asiatische Länder haben das japanische *Kōban*-System übernommen, es gilt somit als ein Beitrag zur öffentlichen Sicherheit. Bei den Olympischen Sommerspielen in Rio de Janeiro wurde es ebenso eingeführt, wonach sich ein Rückgang von Straftaten bestätigte.

Wenn Sie das nächste Mal in die Innenstadt gehen, achten Sie auf die *Kōban*. Sie können zwar klein sein, aber einige sind einzigartig gestaltet. Sie sind zu beliebten Motiven für Fotoaufnahmen geworden.

✚ Wörter und Phrasen

☐ erblicken　見かける、チラ見する　　☐ Schichtdienst (m)　交代勤務

☐ Ruf (m)　評判　　☐ überwachen　見張る

☐ öffentliche Ordnung　社会的秩序　　☐ Einen Besuch abstatten　訪問する

☐ an oberste Stelle　最前線　　☐ öffentliche Sicherheit　治安

2

Kōban

交番

　駅の近くや大きな交差点のそばに、交番と呼ばれる小さな建物がありますが、それは小さな警察署です。よく見ると、中に警察官がいるのが見えるでしょう。日本は世界で最も治安が良い国だという評判があります。その社会的秩序を守る最前線が交番なのです。

　全国には約6,300の交番があります。そこでは2〜3人の警察官が交代で勤務しています。交番というのは「交代で番をする」という意味です。ここに勤める警察官は「お巡りさん」と呼ばれていて、それは「巡回する人」という意味です。しかしながら、地域を巡回するだけではありません。例えば、道案内、交通の監視、事故の際の誘導などをします。酔っぱらいの世話をしたり、喧嘩の仲裁もします。それに加えて、年に1、2回、管轄区域の家や会社を回って、家族構成や従業員の記録を残しています。災害や事故に巻き込まれた際、安否確認のために必要なのです。

　日本の交番制度は他のアジア各国にも採用され、治安の維持に役立つと証明されています。ブラジルのリオ五輪でも導入され、犯罪件数が減少しました。

　次に繁華街へ行くときには、どうか交番に注目してみてください。建物は小さいかもしれませんが、デザインのおもしろいものがいくつかあります。それらは写真撮影のスポットになっています。

あなたはどう思う？

賛成・反対意見のサンプルを参考にして、自分の意見を文章にしてみましょう。

Für 賛成

1. Es ist immer leicht, die Polizei zu finden, wenn man sie braucht.
必要な時はいつでも簡単に警察を見つけることができます。

2. Kinder sollten bei Problemen immer einen sicheren Platz in der Nähe haben, zu dem sie gehen können.
何か問題があれば、いつでも子どもたちが行けるところが近くにあるのです。

3. *Kōban* sind für Touristen geeignet, die Hilfe benötigen.
交番は手助けを必要とする観光客にとって便利です。

4. Die Polizei ist im Notfall nie weit weg.
非常事態の場合にも、いつも警察がそばにいます。

Wider 反対

1. *Kōban* passen nicht immer zur Nachbarschaft.
交番は必ずしも近隣地域に溶け込んでいません。

2. Viele *Kōban* sind nicht immer personal besetzt.
多くの交番では、警察官が常時そこにいるわけではありません。

3. *Kōban* ist eine Geldverschwendung, weil Japan ein sicheres Land ist.
日本は安全な国なので、交番はお金の無駄です。

4. Viele alte *Kōban* brauchen teure Renovierungsarbeiten.
古い交番の多くは、高額な修繕を必要としています。

3 ▷ Teilzeitbeschäftigte

Im heutigen Japan arbeiten viele junge Menschen in 24-Stunden Geschäften, *Izakayas* (eine Art Tapas-Bar) und Schnellimbissen. Man wird wohl merken, dass unter ihnen nicht wenige sind, die nicht „japanisch" aussehen, denn sie kommen aus anderen asiatischen Ländern. Aufgrund der niedrigen Geburtenrate und der Alterung der japanischen Bevölkerung besteht ein Mangel an jungen Arbeitnehmern. Darüber hinaus wollen immer mehr junge Japaner ein Universitätsstudium absolvieren, in der Hoffnung, einen sicheren Job zu finden. Daher gibt es keine Alternative, als ausländische Arbeitskräfte einzustellen.

Die japanische Regierung ist bei der Anwerbung junger Ausländer aktiv gewesen und hat einen Plan für 300.000 Studierende aus Übersee ins Leben gerufen. Die meisten stammen aus Asien, hauptsächlich aus Südkorea und China, obwohl die Zahl der Vietnamesen, Thailänder und Indonesier in letzter Zeit stark angestiegen ist.

Die Gesamtzahl der ausländischen Werkstudenten hat rund 180.000 erreicht, von denen die verarbeitende Industrie etwa die Hälfte beschäftigt. Die Mehrheit lernt Japanisch und studiert an Fachschulen oder Universitäten. Sie hoffen, in Zukunft eine Beschäftigung in japanischen Unternehmen zu finden, sei es in Japan oder in ihrem Heimatland.

Viele ausländische Teilzeitbeschäftigte spielen eine wichtige Rolle in Apothekenketten. Es scheint, dass ihre Sprachkenntnisse den Umsatz gesteigert haben. In letzter Zeit ist die touristische Kundschaft aus Asien rapide angestiegen. In einer bestimmten Kette tragen die Verkäufer Armbinden mit den chinesischen Schriftzeichen *Wǒ shuō zhōngwén* („Ich spreche Chinesisch"). Sie tragen auch Namensschilder, die in der Silbenschrift (*Katakana* oder *Hiragana*) geschrieben sind. Bitte nennen Sie sie ruhig bei ihrem Namen. Sie werden sich sicher freuen. Natürlich können sie ihn auch auf Japanisch aussprechen.

✚ Wörter und Phrasen

☐ Aufgrund　～のせいで

☐ Mangel (m)　不足

☐ es gibt keine Alternative, als ... zu 【不定詞】～せざるを得ない

☐ Anwerbung (f)　募集、求人

☐ ins Leben rufen　生み出す、樹立する

☐ sei es ...　…にせよ

☐ steigern　（程度を）増す、上げる

☐ ruhig　かまわず、遠慮なく

3

Teilzeitbeschäftigte
アジア人労働者

今日、日本ではコンビニ、居酒屋（タパス・バーの一種）、そしてファストフード店でたくさんの若者が働いています。その中には日本人に見えない人もいることに気づくかもしれません。その多くが、アジアの他の国々から来ている人たちです。少子高齢化が進む日本では若い労働力が不足しています。その上、安定した仕事を求めて大学に進学する若者が増えています。そんな理由から、外国人の働き手を雇用せざるを得ないのです。

若い外国人の受け入れには政府も積極的で、「留学生30万人計画」を打ち出しました。そのほとんどは韓国や中国の人で、近年、ベトナム、タイ、インドネシアから留学する人も急速に増えています。

留学生全体の数は約18万人に達しています。職場としては、製造業が約半分を占めています。彼らの大半は日本語を勉強し、専門学校や大学で学んでいます。彼らは将来、日本か母国の日系企業での就職を希望しています。

外国人アルバイトがドラッグストアのチェーンでも重要な役割を果たしています。彼らの言語能力が、売り上げを増加させているようです。近年、アジア圏からの観光客が急増しています。あるチェーンでは、「中国語できます」と書かれた腕章を店員がつけています。また胸には音節文字（カタカナやひらがな）で書いてある名札をつけています。ぜひ彼らを名前で呼んであげてください。きっと喜ぶでしょう。もちろん日本語でも大丈夫ですよ。

あなたはどう思う？

賛成・反対意見のサンプルを参考にして、自分の意見を文章にしてみましょう。

Für 賛成

1. Ausländische Mitarbeiter können neue Ideen in ein Unternehmen einbringen.
外国人従業員はビジネスに新しいアイデアをもたらすことができます。

2. Rückkehrende ausländische Arbeitnehmer vermitteln ein positives Bild von Japan.
外国人労働者は、日本に対する良いイメージを、母国に持ち帰ります。

3. Die Erfahrung des japanischen Lebens wird von japanischen Unternehmen im Ausland geschätzt.
日本での生活経験は、日本企業の海外拠点から高く評価されています。

4. Internationale Studierende können bei der Gründung von Geschäftspartnerschaften mitwirken, sobald sie nach Hause zurückgekehrt sind.
外国人留学生は帰国後、ビジネス・パートナーシップを築く上で貢献することができます。

Wider 反対

1. Oft bleiben ausländische Studenten nicht in Japan nach dem Abschluss des Studiums.
外国人留学生は多くの場合、卒業後は日本にとどまりません。

2. Ausländische Studenten tragen nur eine kurze Zeit zur japanischen Gesellschaft bei.
留学生は、それほど長期間日本社会に貢献するわけではありません。

3. Internationale Studierende können eine lohnende Erfahrung für sich selbst machen—und dann Japan schnell verlassen.
留学生は貴重な経験を積んだのち、すぐに日本を離れてしまいます。

4. Manche *Burakku-kigyō* (Ausbeutungsunternehmen) nutzen ausländische Werkstudenten aus.
ブラック企業の中には、外国人留学生の労働者を酷使しているところもあります。

4 Verkaufsautomaten

Bei einem Spaziergang durch die Straßen von Japan sind ausländische Besucher oft von der großen Anzahl von Automaten beeindruckt. Mehr als die Hälfte sind für Getränke, aber in den Bahnhöfen und vor den Spielhallen gibt es auch welche für Snacks und Zigaretten. Andere bieten Zeitungen, Becher-Nudeln, Wahrsagungen, Visitenkarten und sogar Apfelscheiben an.

Insgesamt gibt es in Japan etwa fünf Millionen Verkaufsautomaten. Ihr Jahresumsatz beträgt rund 5.000 Milliarden Yen, d.h. in einer Größenordnung, die sie mit der japanischen Versandhandels- und Werbebranche vergleichbar macht. Es wird berichtet, dass die USA etwa sieben Millionen Verkaufsautomaten haben. Wenn man jedoch die Bevölkerung und die Größe des Landes berücksichtigt, ist Japan immer noch die Nr. 1 in der Welt der Automaten. Ihre Funktionen ändern sich von Jahr zu Jahr. Die Anzahl der Maschinen, die Transaktionen mit Karten und Smartphones akzeptieren, steigt, sodass wir kein Bargeld mehr im Geldbeutel brauchen.

Die Japaner lieben praktische Dinge, und ihre Vorliebe für mechanische Geräte wie Roboter ist vielleicht eine nationale

Besonderheit. Die Zahl der Verkaufsautomaten nimmt jedoch Jahr für Jahr allmählich ab. Nehmen wir zum Beispiel Kaffee. Mini-Märkte in denen man ihn frisch und zu einem günstigen Preis kaufen kann, haben Marktanteile gewonnen. Außerdem verschwinden Verkaufsautomaten im Zuge der Entvölkerung aus kleinen Städten.

Schließlich ist hier etwas Typisches für Japan, ein Land, das Erdbeben ausgesetzt ist, zu finden. Im Falle solcher Naturkatastrophen bieten einige lokale Regierungen und Hersteller von Verkaufsautomaten kostenlose Getränke in öffentlichen Einrichtungen an. Normale Automaten können per Fernbedienung in einen „Gratis Modus" umgeschaltet werden. Ist das nicht eine gute Idee?

✣ Wörter und Phrasen

☐ betragen 総計…になる

☐ Transaktion (f) 取引、決済

☐ Vorliebe (f) 偏愛、ひいき

☐ Marktanteil (m) 市場占有率

☐ Entvölkerung (f) 過疎化

☐ das Erdbeben ausgesetzt sein 地震が多い

☐ Fernbedienung (f) 遠隔操作

4 自動販売機

　日本の通りを歩いていて、自動販売機がたくさんあることに気づく外国人観光客も多いと思います。半分以上は飲料の販売機です。しかしながら、駅やゲームセンターの前には、スナックやタバコの販売機も見かけるでしょう。他にも新聞、カップヌードル、おみくじ、名刺、そして、カットしたリンゴの販売機もあります。

　日本には、全部でおよそ500万台もの自動販売機があります。年間売り上げは合計約5兆円になります。これは、日本の通販事業や広告産業と肩を並べる市場規模です。米国には約700万台あるそうです。しかし、人口や面積を考えれば、人口当たりの割合は日本が世界一です。また、その機能も年々進化しています。カードやスマートフォンで決済できるものが増えているので、現金を持ち歩く必要がありません。

　日本人は便利なものが大好きです。ロボットのようにメカニックなものを好むのは国民性です。それにもかかわらず、自動販売機の台数は年々少しずつ減っています。例えばコーヒーです。新鮮なものが安く買えるコンビニが市場シェアを奪っています。それに加え、過疎化にともなって小さな町からも自動販売機は姿を消しつつあります。

　最後に、地震の多い日本らしい話をどうぞ。こうした自然災害時には、自治体や自動販売機メーカーの中には、公共施設で飲料を無料で提供してくれるところがあります。普通の自動販売機も遠隔操作により「無料」に変更できるのです。これってすごいアイデアですよね。

あなたはどう思う？

賛成・反対意見のサンプルを参考にして、自分の意見を文章にしてみましょう。

Für 賛成

1. Man kann immer neue Produkte zum Kaufen finden.
   いつでも、新製品を見つけることができます。

2. Es ist leicht, an einem kalten Tag ein heißes Getränk oder an einem heißen Tag ein kaltes Getränk zu finden.
   寒い日には温かい飲み物を、暑い日には冷たい飲み物を、簡単に見つけることができます。

3. Die Preise entsprechen in etwa denen in Mini-Märkten.
   値段はコンビニエンスストアと大体同じです。

4. Die Automaten sind immer gut gewartet.
   自動販売機は常に管理が行き届いた状態にあります。

Wider 反対

1. Verkaufsautomaten verschwenden zu viel Energie.
   自動販売機はエネルギーを消費しすぎています。

2. Verkaufsautomaten veranlassen uns, mehr Geld auszugeben.
   自動販売機は、私たちにもっとお金を使うよう促しています。

3. Die meisten in Verkaufsautomaten verkauften Lebensmittel und Getränke sind ungesund.
   自動販売機で売られている食べ物や飲み物は、ほとんどが不健康なものばかりです。

4. Verkaufsautomaten passen sich im Allgemeinen ihrer Umgebung nicht an.
   自動販売機はたいてい周囲の環境と調和していません。

2

Tourismus

観光

5 ▷ Der Transport

Für Besuche in Japan sind die öffentlichen Verkehrsmittel praktisch und bequem. Wenn man zwischen zwei Großstädten reist, kann man den berühmten *Shinkansen*, den japanischen TGV, nutzen. Bei der Ankunft sind Züge, die U-Bahn, und Busse einfach zu benutzen. Es gibt nur eines, woran man denken muss: morgens und abends muss man für die Hauptverkehrszeit bereit sein. Trotz dieses Nachteils genießt Japans Transportsystem einen ausgezeichneten Ruf für Pünktlichkeit und Sicherheit.

Der *Shinkansen* ist sehr beliebt. Trotz Geschwindigkeiten von über 300 km/h gibt es kaum Vibrationen oder Lärm. Die Wagons sind makellos sauber und die Züge fahren pünktlich. Ein weiterer Vorteil ist der Verkauf von *Bentō*-boxen (Verpflegungspakete), Snacks, Kaffee und anderen Produkten. Zugbegleiter(innen) schieben mehrmals einen Imbisswagen durch den Zug.

Etwas anderes Beachtenswertes sind die *Shinkansen*-Reinigungsteams. Das Zeitfenster zwischen Ankunft und Abfahrt an einer Endstation beträgt ungefähr 12 Minuten. Wenn Passagiere fünf Minuten brauchen, um ein- und auszusteigen, bleiben nur noch sieben Minuten für die Reinigung. Während dieser kurzen Zeit ist die Reinigungscrew für alle 16 Wagons verantwortlich. Jeder muss sich um einen ganzen Wagen mit 100 Sitzplätzen kümmern, und auf diese Weise ist es möglich, alle in perfektem Zustand zu halten. Von diesem Beispiel von Teamwork und Sauberkeit sind Passagiere sicherlich beeindruckt.

Der Taxiservice ist ebenfalls zu empfehlen. Wie auch ausländische Besucher vielleicht bereits wissen, öffnet und schließt sich die linke Tür automatisch, so dass der Passagier nichts weiter zu tun braucht, als ein- und auszusteigen. Die Kosten werden auf dem Taxameter deutlich angezeigt, so dass kein Betrug entsteht. Jedes Unternehmen bemüht sich ernsthaft, seine Fahrer für ausländische Kunden zu schulen. Der Taxidienst in Japan ist sicher, freundlich und zuverlässig.

✥ Wörter und Phrasen

☐ trotz　～にもかかわらず

☐ ausgezeichnet　抜群の、卓越した

☐ makellos　欠点のない、完全無欠の

☐ beachtenswert　注目すべき

☐ für et⁴ verantwortlich　…に対して責任のある

☐ sich um j⁴ kümmern　…の世話をする、面倒をみる

☐ Betrug (m)　詐欺行為

5 Der Transport
交通

　日本で観光地に行こうと思えば、公共交通機関が便利で快適です。2つの大都市間の移動なら、日本の"TGV"ともいえる有名な新幹線があります。ひとたび大都市に入れば、電車、地下鉄、そしてバスが便利に使えます。ただし一つだけ覚えていなければならないことがあります。朝と夕方のラッシュアワーだけは覚悟していてください。この点をのぞいても、日本の公共交通機関は、時間の正確さと安全性に定評があります。

　新幹線に乗ってみたいという人がたくさんいます。時速300kmを超すスピードにもかかわらず、揺れや騒音はほとんどありません。室内も染み一つなく清掃され、時間に正確に運行されています。もう一つ便利なのは弁当、スナック、コーヒーなどの車内販売です。販売員が食品ワゴンを押して、何度も車内を往復します。

　それからもう一つ新幹線で注目してほしいのは、清掃チームです。プラットフォームに出入りする新幹線車両の平均的な滞在時間はおよそ12分間。乗客の乗り降りの時間を5分とすれば、7分間の空きがあります。このわずか7分の間に、16両もの列車を清掃するのが仕事です。一人当たり1車両100席を担当して完璧な状態を保つようにするのが彼らの役目です。このチームワークと清潔さに、乗客も感銘を受けるでしょう。

　タクシーもおすすめする価値があります。外国人観光客の中にはご存じの人もいると思いますが、客席の左側ドアは自動的に開閉します。ですから、乗客は乗り降りする以外、何もする必要がありません。また料金はメーターに表示されるので、不正はありません。どの会社でも、外国人への運転手の対応について、熱心に教育しています。日本のタクシーは安全で親切、そして信頼できます。

賛成・反対意見のサンプルを参考にして、自分の意見を文章にしてみましょう。

Für 賛成

1. Es ist bequemer mit dem *Shinkansen* zu fahren, als mit einem Flugzeug zu fliegen.
新幹線は飛行機で行くよりも便利です。

2. Die Qualität und Vielfalt des Essens in Zügen ist besser als im Flugzeug.
車内販売の食事は、機内食と比べて質が良く、種類も豊富です。

3. Wenn man mit dem Zug reist, kann man mehr von der Landschaft sehen.
鉄道旅行の方が、景色にもっと目を向けることができます。

4. Züge und Busse sind äußerst pünktlich, was für die Urlaubsplanung nützlich ist.
列車やバスは時間に大変正確で、旅行を計画するには便利です。

Wider 反対

1. Der öffentliche Verkehr in Japan ist im internationalen Vergleich sehr teuer.
日本の公共交通は、他国と比べて運賃がとても高額です。

2. Viele Touristen besuchen nur diejenigen Orte, die wenige Gehminuten von Bahnhöfen entfernt sind.
多くの観光客は、駅から歩いて行ける距離の所しか訪れません。

3. Das zu genaue Beobachten des *Shinkansen*-Reinigungsteams kann es bei seiner Arbeit stören.
新幹線の清掃係を近くで見学していると、彼らの仕事の邪魔になりかねません。

4. Schwarztaxis (*shiro-nambā*, d.h. weißes Nummernschild anstelle eines grünen Schildes) werden wieder zum Problem.
営業許可を受けていない「白ナンバー」のタクシーが、また問題になってきています。

6 ▷ Fahrräder

Für Reisen in städtischen Gebieten werden öffentliche Verkehrsmittel empfohlen. Es ist jedoch manchmal schwierig, Kleinstädte und Dörfer auf dem Land zu besuchen. (Auf japanisch wird das Ländliche als *inaka* bezeichnet, wortwörtlich, in den Reisfeldern sein.) Viele Orte haben nur wenige Züge oder Busse pro Tag und Taxis sind häufig schwer zu finden.

Glücklicherweise sind in den meisten Kleinstädten und Dörfern Touristeninformationszentren eingerichtet, die von lokalen Tourismusverbänden betrieben werden. Es gibt eine zunehmende Anzahl dieser Zentren und Herbergen, in denen man Fahrräder mieten kann, einschließlich einiger Modelle, die mit Strom betrieben werden. Dort kann man auch sein Gepäck aufbewahren lassen.

Einige Besucher mieten Autos, aber man muss bedenken, dass man in Japan auf der linken Seite der Straße fährt, dass das Lenkrad sich auf der rechten Seite befindet, dass einige Verkehrszeichen in Japan eigenartig sind, und dass viele nur auf Japanisch geschrieben sind. Diese Unterschiede können zu Problemen führen, mitunter auch zu Unfällen. Fahrräder sind somit sicherer. Sie können auch in Hofgassen und auf

Waldwegen benutzt werden. Darüber hinaus sind sie gut für die Gesundheit, vor allem für diejenigen, die nicht genügend körperliche Aktivität ausüben. Aber vergessen Sie auf keinen Fall, sich links zu halten.

Wenn man in einer unbekannten Gegend fährt, darf man nicht zu weit fahren oder sich überanstrengen. Bei schlechtem Wetter sollte man statt seines Regenschirms einen Regenmantel mitnehmen. In Japan gelten strikte Regeln für die Verwendung von Fahrrädern. Aus Sicherheitsgründen ist es verboten, mit einem offenen Regenschirm zu fahren oder beim Radfahren ein Mobiltelefon zu benutzen. In Kyōto, wo viele Touristen Fahrräder mieten, sind all diese Informationen in einer Broschüre zusammengefasst. Sie wird kostenlos zur Verfügung gestellt und sollte benutzt werden.

✤ Wörter und Phrasen

- [ ] fahren auf der linken Seite der Straße　左側通行する
- [ ] Lenkrad (n)　ハンドル
- [ ] darüber hinaus　さらに
- [ ] auf keinen Fall　決して…しない
- [ ] überanstrengen　酷使する
- [ ] Aus Sicherheitsgründen　安全上の理由から
- [ ] zusammenfassen　まとめる

6

Fahrräder
自転車

　都市部を旅するなら、公共交通機関がおすすめです。しかし、地方の町や村に行くとなると困ります（日本語では地方のことを「田舎」と呼び、文字通り「田んぼにいる」という意味になります）。多くのところでは、電車やバスが一日に数本しか運行していないとか、タクシーを見つけるのが難しいこともありえます。

　幸運なことに、ほとんどの市町村では、地域の観光協会によって観光案内所が設置、運営されています。レンタルの自転車を備える案内所や旅館が増えています。電動式自転車も少なくありません。荷物もこれらの案内所や旅館で預けられます。

　レンタカーを利用する人もいますが、日本では車は左側通行であることを覚えておいてください。右ハンドルで、交通標識も日本独自のものがあり、日本語でしか書かれていないところも多いのです。こうした違いが事故を起こすことにもつながりかねません。その点、自転車なら安全性は高いかもしれません。農道や林道などで乗ることもできます。さらに、運動不足の人には、自転車は健康的な選択肢です。決して、左側通行であることを忘れないでください。

　知らない場所にいるなら、遠くまで行き過ぎたり、頑張りすぎたりするのは避けましょう。天候が悪いときは、傘ではなく雨合羽を用意すべきです。日本では、自転車を利用する際の規則が厳しく決められています。安全上の理由から、傘をさしたり携帯電話を使いながらの運転は違法です。自転車利用の観光客が多い京都では、こうした情報を小冊子にまとめています。無料配布されているので、参考にしてください。

あなたはどう思う？

賛成・反対意見のサンプルを参考にして、自分の意見を文章にしてみましょう。

Für 賛成

1. Smartphone-Navigationsanwendungen machen das Radfahren für Touristen einfacher.
スマートフォンのナビゲーションアプリのおかげで、観光客は自転車でツーリングしやすくなっています。

2. Ein Mietauto bietet eine großartige Möglichkeit, das ländliche Japan kennenzulernen.
車をレンタルするのは、日本の田舎を体験するのにとてもよい方法です。

3. Ländliche Touristenzentren verfügen über mehr Informationen als das Internet.
地方の観光案内所には、インターネットで入手できる以上の情報があります。

4. Die Zunahme der Touristenzahl in Kleinstädten wird sich positiv auf die lokale Wirtschaft auswirken.
小さな町を訪れる観光客の増加は、地方経済に良い影響を与えるでしょう。

Wider 反対

1. Das Radfahren in der japanischen Landschaft kann für manche Touristen zu schwierig sein.
日本の田舎をサイクリングするのは、観光客によっては大変すぎるかもしれません。

2. Ausländische Radfahrer halten sich häufig nicht an die Straßenverkehrsordnung, insbesondere an Stoppschilder.
外国人サイクリストは交通規則、特に「止まれ」の標識に従わないことが、しばしばあります。

3. Geschwindigkeitsbegrenzungen in Japan sind für ausländische Fahrer oft ein Problem.
外国人ドライバーには、日本の制限速度に納得がいかないことがしばしばあります。

4. Das Personal vieler Hotels und Restaurants im ländlichen Japan ist oft einsprachig.
日本の地方のホテルやレストランの多くには、外国語が話せるスタッフがいません。

7 ▷ Wallfahrten

Die Zahl der Ausländer, die sich für japanische Popkultur interessieren, hat zugenommen. Sie werden von solchen Dingen wie *Manga*, Anime und Videospielen angezogen. Darüber hinaus hat sich Cosplay, eine Abkürzung der englischen Wörter „Costume Play", auf der ganzen Welt verbreitet. Bei Cosplay geht es darum, sich wie die Hauptfiguren einer Geschichte anzuziehen und zu benehmen. Ein Aspekt dieses Phänomens ist der Pop Kultur Tourismus, man muss einmal eine sogenannte „Pilgerfahrt" zu diesen „heiligen" Orten gemacht haben, etwas was natürlich von den Teilnehmern ihre Anwesenheit in Japan erfordert.

Normalerweise erinnert uns das Wort Pilgerfahrt an Religion und Reisen, die von frommen Gläubigen unternommen werden. In der japanischen Popkultur bezieht sich der Begriff jedoch auf Besuche an Orten, die in *Manga* oder Anime erscheinen, um relevante Szenen zu simulieren.

Jüngste Beispiele von Wallfahrtsorten stammen von *Kimi no na wa* (Your Name—Gestern, heute und für immer), einem Anime mit großem Erfolg. Die populärsten Drehorte des Films sind der Suga-Schrein in Tokios Yotsuya-Bezirk, die Stadt

Hida in der Präfektur Gifu und der Suwa-See in der Präfektur Nagano. Vor einiger Zeit wurde der Anime *Slam Dunk* in japanischen Kinos gezeigt. Nachdem er im taiwanesischen Fernsehen ausgestrahlt wurde, ist er auch dort sehr beliebt. Ein Eisenbahnübergang in Kamakura ist für die taiwanesischen Besucher zu einem trendigen Fotospot geworden.

Im Herbst 2016 gründete die Anime- und *Manga*-Industrie die *Anime Tsūrizumu-kyōkai* (die Anime Tourism Association), die einen solchen Pilgerboom voraussah. Im ganzen Land wurden 88 Stätten als Wallfahrtsorte ausgewiesen. Darüber hinaus nutzte *Nihon-seifu-kankō-kyoku* [Das Tourismusamt der japanischen Regierung (JNTO)] seine englische Webseite, um darüber Informationen zu präsentieren. Sie stellte auch die Kultur von *Otaku**** und Wallfahrtsorten vor.

Otaku: Beschreibung eines jungen Mannes, der von Videospielen, *Mangas* und Anime besessen ist.

✤ Wörter und Phrasen

☐ angezogen werden 心を惹かれる
☐ fromme Gläubiger (m) 熱心な信者
☐ simulieren 〜を疑似体験する
☐ vor einiger Zeit 少し以前に

☐ eine solche こうした
☐ voraussehen 予想する、見越す
☐ als et⁴ ausweisen …に指定する
☐ nutzen 〜を活用する

聖地巡礼

7

日本のポップカルチャーに興味を持つ外国人が増えています。彼らは漫画、アニメ、そしてテレビゲームに魅了されているのです。それに加え、英語の「コスチューム・プレイ」の略称であるコスプレも世界各地に広がっています。コスプレは、物語の主人公のように衣装を身につけ、振る舞うことです。それでも、日本に来ないとできない楽しみの一つが「聖地巡礼」です。

一般的に、聖地巡礼という言葉からは、宗教の敬けんな信者が、聖人ゆかりの地を訪れる旅などを思い浮かべます。しかし、日本のポップカルチャーの場合は、漫画やアニメに登場する場所を訪れて、疑似体験することを意味します。

聖地巡礼の近年の例では、大ヒットしたアニメ『君の名は。』に取り上げられた場所があります。映画での人気の場所は、東京・四谷の須賀神社、岐阜県の飛騨市、そして長野県の諏訪湖です。アニメ『スラムダンク』は、日本の劇場で少し前に公開されました。台湾ではテレビ放映されて、最近人気になっています。鎌倉にある踏切が、台湾人に人気の撮影スポットになっています。

2016年秋、アニメや漫画の業界がアニメツーリズム協会を発足させました。こうした聖地巡礼ブームを予測したのです。全国で88ヵ所が聖地に認定されています。加えて、日本政府観光局（JNTO）は、日本のオタク文化や聖地巡礼を紹介するのにも、ドイツ語版のWEBサイトを活用しています。

あなたはどう思う？

賛成・反対意見のサンプルを参考にして、自分の意見を文章にしてみましょう。

Für 賛成

1. Pilgerreisen bringen Menschen in Gebiete Japans, in denen sie normalerweise nicht reisen würden.
聖地巡礼は、日本を旅行するときは通常訪れないような地域に人々を呼び込みます。

2. Cosplay gibt Ausländern ein lustiges Bild von Japan.
コスプレは、日本の楽しいイメージを外国人に伝えています。

3. Touristen geben viel Geld für Souvenirs aus, was der lokalen Wirtschaft zugute kommt.
観光客は土産物にたくさんのお金を使い、地域経済に貢献しています。

4. Die Unterstützung der Regierung von den *Otaku* ist gut für den Ruf Japans im Ausland.
オタク文化を政府が支持することにより、海外での日本の評判に好影響を与えています。

Wider 反対

1. Viele Wallfahrtsorte sind nicht für Touristen angelegt.
多くの聖地は観光客向けに整備された地域ではありません。

2. Zu viele Touristen stören das tägliche Leben der lokalen Bevölkerung.
観光客が多すぎると、地元の人々の日常生活を乱すことになります。

3. Die Kultur des Anime gibt Ausländern ein falsches Bild von Japan.
アニメ文化は、日本の誤ったイメージを外国人に与えます。

4. Da die *Otaku*-Kultur nur ein Modephänomen ist, sollten wir nicht zu viel Geld in ihre Werbung investieren.
オタク文化は一時的な流行なので、その宣伝にお金を投資しすぎるべきではありません。

8 Onsen

Japan besteht aus einer vulkanischen Inselkette, und es ist deshalb kein Wunder, dass wo auch immer man hingeht, ein Vulkan vorzufinden ist. Dafür ist auch der berühmte *Fuji-san* trotz seines eleganten Aussehens ein Beispiel. Da es seit 1707 keinen Ausbruch mehr gegeben hat, gilt er heute als ein ruhender Vulkan. Wo es Vulkane gibt, findet man auch heiße Quellen, *Onsen* genannt, wo heißes Wasser aus unterirdischen Adern sprudelt. Seit jeher lieben die Japaner die *Onsen* und besuchen sie häufig zur Behandlung verschiedener Beschwerden oder einfach zur Entspannung.

Die heißen Quellen bestehen nicht nur aus heißem Wasser, sondern sind eine Mischung aus verschiedenen mineralischen Bestandteilen der Erde. Diese fügen Farbe hinzu und verändern die Textur des Wassers. Darüber hinaus gibt es gesundheitliche Vorteile. Eine weitere Attraktion ist die wunderschöne Landschaft, die ein *Rotenburo* (Außenbad) anbietet.

Unter ausländischen Touristen ist der Charme der *Onsen* wohl bekannt, und die berühmten Kurorte wie Hakone und Kusatsu erreichen viele internationale Besucher. Orte wie

Kinosaki Onsen in der Nähe von Kyōto in der Präfektur Hyōgo, *Ikaho Onsen* in der Präfektur Gunma und *Unzen Onsen* in der Präfektur Nagasaki sind ebenfalls beliebt. Und wir dürfen das *Onsen Jigokudani* in der Präfektur Nagano auch nicht vergessen. Im Winter, kommen bekannterweise die Schneeaffen zum Baden. Unter *Onsen*-Enthusiasten haben sich detaillierte Informationen im Ausland verbreitet. Sie wissen von geheimen kleinen *Onsen* in den Bergen und gemischten Bädern.

Wir müssen jedoch vorsichtig sein. Die Gewohnheiten von Ausländern, die es nicht gewohnt sind, ein Bad zu teilen, führen manchmal zu Problemen. In seiner japanischen Ausgabe hat die berühmte Firma TripAdvisor eine Webseite erstellt, die „How to Enjoy *Onsens*" heißt. Sie erzählt die Geschichte von den heißen Quellen und erklärt ihre positiven Wirkungen. Sie rät den Besuchern auch, sich vor dem Betreten des Bades zu waschen und sich dann an die hohe Wassertemperatur zu gewöhnen, indem man Badewasser auf sich gießt. Die Webseite ist komplett in englischer Sprache verfasst.

✚ Wörter und Phrasen

☐ ruhender Vulkan　休火山

☐ Bestandteil (m)　成分

☐ Enthusiast (m)　マニア、熱狂者

☐ nicht gewohnt sein　慣れていない

☐ raten　助言する

8

Onsen

温泉

　日本は火山列島で、どこへ行ってもいたるところに火山があります。あの優美な姿を見せている富士山でさえ、火山です。1707年以来活動を休止しているので、休火山と分類されています。火山があるということは、温泉があるということです。温泉は、熱せられた地下水脈から吹き出してきます。日本人は古代から温泉をこよなく愛し、しばしば治療や休息のために温泉に出かけています。

　温泉は、熱いお湯が出ているだけではありません。地球内部のさまざまなミネラル成分が溶け込んでいます。これらがお湯に色をつけたり、肌触りに変化をもたらしているのです。それに加え、健康上のプラス面もあります。また、露天風呂から美しい景色を楽しめるのも、もう一つの魅力です。

　温泉の魅力は、外国人にも知られるようになってきました。箱根や草津など、有名温泉地にはたくさんの外国人が訪れています。京都に近い兵庫県の城崎温泉、群馬県の伊香保温泉、長崎県の雲仙温泉なども人気です。また長野県の地獄谷温泉も忘れないでください。冬場に温泉に入りにくるスノーモンキーでよく知られています。温泉に関する詳細な情報は外国にも広まっていて、世界中の温泉マニアに届いています。こういう人たちは、山奥の秘湯や混浴温泉のことも知っているのです。

　でも、少し注意が必要です。他人と一緒に入浴する習慣がない外国人のマナーが、ふとしたことからトラブルになることもあります。有名な旅行ナビサイト「Trip Adviser」の日本版では、「How to Enjoy ONSEN*」というサイトを設けています。そこでは、温泉の歴史と効用を紹介しています。また、湯船につかる前には体を洗って、それからかけ湯をしてお湯の温度に慣れるようにとアドバイスもしています。サイトは全て英語で書かれています。

あなたはどう思う？

賛成・反対意見のサンプルを参考にして、自
分の意見を文章にしてみましょう。

Für 賛 成

1. Ein *Onsen* ist eine einfache und kostengünstige Möglichkeit,
die japanische Alltagskultur zu entdecken.
温泉は、日本の日常の文化を体験するのに、安上がりで簡単な方法です。

2. Die Mineralwasserbäder sind entspannend und wohltuend für
die Haut.
ミネラルを含んだ温泉水のお風呂はくつろげて、肌にも良いのです。

3. Viele *Onsen* befinden sich in der Nähe von Skigebieten für
diejenigen, die beide Freuden miteinander verbinden möchten.
スキーと温泉、両方を楽しみたい人のために、温泉の多くはスキー場のそばにありま
す。

4. Die *Onsen* sind ein Aspekt der japanischen Kultur, den jeder
Tourist kennen sollte.
温泉は全ての観光客が体験するべき、日本の文化の一部です。

Wider 反 対

1. Es ist gefährlich für Touristen, sich Vulkanen zu nähern.
観光客が火山に近づくのは危険です。

2. Einige Bäder enthalten Mineralien, die Schmuck verfärben
können.
温泉によっては、貴金属を変色させるミネラルが含まれているものもあります。

3. Die heimlichen kleinen *Onsen* werden ihren Charme verlieren,
wenn zu viele Besucher kommen.
小さな秘湯を訪れる観光客が多すぎると、その魅力が失われてしまいます。

4. Für kleine Unternehmen ist es zu teuer, Anweisungen in
Fremdsprachen zu erteilen.
外国語の説明書を作るのは、小さな温泉にとっては費用がかかりすぎます。

* http://tg.tripadvisor.jp/enjoy-onsen/

9 ▷ Der *Kimono*

Der *Kimono* ist ein traditionelles japanisches Kleidungstück mit weiten Ärmeln. Unter ausländischen Besucherinnen, die sich für die japanische Kultur interessieren und daran Anteil haben wollen, ist das Tragen des *Kimonos* besonders beliebt. Man kann einen *Kimono* bei den wichtigsten Sehenswürdigkeiten ausleihen und anschließend durch die Stadt laufen. Ebenso ist der lässige Sommer*kimono* (der *Yukata*), ein von ausländischen Besuchern hoch geschätztes Souvenir.

Einen *Kimono* richtig zu tragen, ist sehr schwierig. Selbst die meisten jungen Japanerinnen erhalten Hilfe in Schönheitssalons. Heutzutage ist der *Kimono* in einen oberen und einen unteren Teil unterteilt, die miteinander verbunden sind. Ein einfacher *Obi*, ein dekorativer Gürtel, wird verwendet, um beide Seiten des *Kimonos* über der Taille zu binden.

Wenn eine ausländische Besucherin mit dem *Kimono* allein nicht ganz zufrieden ist, kann sie Zubehör wie eine Tasche (*fukuro-mono*), einen Fächer (*sensu*), ein Tüchlein für die Teezeremonie (*fukusa*) und / oder einen Beutel mit Weihrauch (*nioi fukuro*), mit seinen köstlichen Düften finden. Verzierte

Haarnadeln (*kanzashi*) und Holzsandalen (*geta*) sind ebenfalls beliebt. Im Sommer ist der blattförmige Fächer (*uchiwa*) ein unverzichtbares Accessoire. Natürlich ist auch die Gangart wichtig. Man sollte ohne Eile laufen, mit kleinen Schritten, die Zehen leicht nach innen gedreht.

Es kommt oft vor, dass ausländische Besucher(innen) mit ihren *Kimonos* fehlerhaft umgehen. Sie tragen den *Kimono* mit der rechte Seite über die linke Seite geschlagen. Bei Kleidung im westlichen Stil tragen Frauen die linke Seite nahe am Körper. Dies wird als *hidarimae* bezeichnet. Aber den *Kimono* sollten Männer und Frauen *migimae* tragen, wobei die rechte Seite nahe am Körper liegt. *Hidarimae* wird nur verwendet, um die Toten bei Begräbnissen zu kleiden. Aus diesem Grund wird es als schlechtes Omen verstanden, ein Unglück, und wir sprechen auch von Menschen und Firmen, die sich in finanziellen Schwierigkeiten befinden, als „*Hidarimae*".

✤ Wörter und Phrasen

- [ ] mit weiten Ärmel 広袖の
- [ ] an et³ Anteil Haben ⋯の分け前に あずかる
- [ ] lässig カジュアルな
- [ ] dekorativ 装飾的な
- [ ] Holzsandale (f) 木靴
- [ ] Gangart (f) 歩き方
- [ ] vorkommen 起こる
- [ ] Omen (n) 兆し

9 Der *Kimono*
着物

着物は袖の広い、伝統的な日本の装いです。特に、日本文化に関心があり、体験してみたい女性の外国人観光客にとって、着物を着るのは特に人気がある日本の伝統文化体験です。有名な観光地では着物をレンタルすることが可能です。着物を着て町を散歩することができるのです。同様に、カジュアルな夏用の着物は「浴衣」と呼ばれ、外国人観光客に人気があるお土産です。

着物を正式に着付けるのはなかなか難しいものです。日本人でも、若い人の多くは美容院で着付けてもらっています。最近では、上下のパーツに分かれたものを帯でつなげた着物もあります。帯とは、着物の上で腰の回りに結ぶ装飾的なベルトです。

着物だけでは物足りないという人は、アクセサリーを加えることができます。袋ものや扇子、茶道に用いるふくさや、よい香りのする匂い袋を持ち歩く人もいます。飾りのついたかんざしや下駄も人気があります。夏には、うちわと呼ばれる葉の形をした扇子も必須アイテムです。もちろん、歩き方も大事です。歩幅を小さくした小股、爪先を内側に向けた内股でゆっくり歩かなければなりません。

外国人の着物体験で失敗しがちなことが一つあります。着物を前で合わせる際に、右を左の上側にしてしまうことです。洋服では、女性は左側を体により近い側として着ることに慣れています。これを左前と言います。しかし着物は、男性も女性も右前、右側を体に近い方にして着なければなりません。左前は、お葬式の際、亡くなった人に着物を着せるときにだけ用いられます。そのため、悪い前兆であり、不運をもたらすと言われています。とくに人や企業がお金に困るようになることを「左前になる」と言います。

賛成・反対意見のサンプルを参考にして、自
分の意見を文章にしてみましょう。

Für 賛成

1. Das Tragen des *Kimonos* macht jeden Anlass zu einem
besonderen.
着物を着ることで、あらゆる状況が特別なものと感じられるようになります。

2. Ein *Yukata* ist an heißen Sommertagen sehr angenehm zu
tragen.
浴衣は、夏の暑い日に着るにはとても心地よいです。

3. In einem *Kimono* sieht jeder gut aus.
着物を着れば、誰でも素敵に見えます。

4. *Kimono*-Accessoires eignen sich hervorragend als Geschenk
für ausländische Gäste.
着物のアクセサリーは、外国人のお客様への素晴らしい贈り物になります。

Wider 反対

1. Ein *Kimono* ist im Alltag nicht praktisch.
着物は日常生活には実用的ではありません。

2. Die Reinigung eines *Kimonos* ist viel zu teuer.
着物のクリーニングはあまりにも費用がかかります。

3. Viele Leute verschwenden Geld mit dem Kauf eines *Kimonos*,
der nur einmal getragen wird.
多くの人々が、一度しか着ない着物に無駄なお金を使っています。

4. Das Tragen eines *Kimonos* in einer Touristengegend zieht
unerwünschte Aufmerksamkeit auf sich.
観光地で着物を着ると、望みもしないのに注目を浴びることになります。

10 ▷ *Seiza*

Zu den traditionellen japanischen Tätigkeiten zählen die Teezeremonie (*Sadō*), die Blumensteckkunst *(Kadō)* und die Zen-Meditation, wobei die Teilnehmer normalerweise ihre Schuhe ausziehen und auf einer *Tatami*matte Platz nehmen. Der formale Sitzstil, genannt *Seiza*, ist für Ausländer oft sehr unangenehm. Vielleicht sind Kampfkünstler oder in Moscheen betende Muslime daran gewöhnt, aber die meisten ausländischen Besucher werden kaum länger als ein paar Minuten auf diese Weise sitzen können.

Der Begriff bedeutet wörtlich „richtig sitzen". Man hält beide Beine zusammen, beugt die Knie, und legt das Gesäß auf die Fersen. Die Knöchel sollten flach mit dem Spann auf dem Boden sein. Man sollte mit aufrechtem Oberkörper sitzen. Es ist die eleganteste und höflichste Haltung. In der Vergangenheit, wenn ein buddhistischer Priester vor allem anlässlich einer Beerdigung Sutras sang, musste man auf diese Weise sitzen. Über diejenigen, die dazu nicht fähig waren, wurde gesagt, sie seien zu Hause schlecht erzogen worden.

Trotzdem ist es auch für Japaner schwierig und schmerzhaft, sehr lange in der *Seiza*-Position zu sitzen. Mindestens einmal oder zweimal hat jeder von uns Taubheit in den Beinen erlebt. Es gibt jedoch einige Tipps. Zum Beispiel kann man mit dem Gesäß zwischen den Füßen auf dem Boden sitzen. Außerdem kann man das Gewicht des Körpers auf die großen Zehen verlagern. Es gibt auch Leute, die einen kleinen Klappstuhl mitbringen.

Die Japaner haben im Allgemeinen Verständnis für Ausländer, die die traditionelle Sitzweise schwierig finden. Es ist auch erlaubt im Schneidersitz zu sitzen, auch wenn die Knie hoch sind. Mit der beschleunigten Alterung der Gesellschaft sind immer mehr Tempelbesucher körperlich schwach. Infolgedessen haben viele Tempel auf den Brauch verzichtet, auf dem Boden zu sitzen, und stellen Stühle bereit. Mit einem ruhigen und bescheidenen Herzen teilzunehmen ist wichtiger als die korrekte Körperhaltung.

✢ Wörter und Phrasen

☐ Teilnehmer (pl)　参加者

☐ aufrecht　直立した、しゃんと

☐ Beerdigung (f)　葬儀

☐ fähig sein　…する能力がある

☐ Taubheit (f)　しびれ

☐ Verständnis haben　理解を持つ、心を汲む

☐ im Schneidersitz sitzen　あぐらをかいて座る

☐ Alterung (f)　高齢社会

☐ infolgedessen　その結果、したがって

10 *Seiza*

正座

　茶道、華道、座禅は伝統的な日本の活動です。参加する人は通常、靴を脱いで畳の上に座らなければなりません。正座と呼ばれる正式な座り方はたいてい、外国人には非常に座り心地の悪いものです。武術を学んでいる人やモスクでお祈りをするイスラム教徒は慣れているかもしれません。しかし、ほとんどの外国人訪問者は、このような姿勢で数分以上、座っていられません。

　正座とは「正しい座り方」の意味です。両足をそろえ、膝を折りたたみ、かかとの上にお尻を乗せます。足首をまっすぐにして足の甲を床につけます。上半身を伸ばして座らなければなりません。これが最も上品で礼儀正しい姿です。かつては、葬儀などで僧侶がお経をあげている間、この座り方が求められました。それができないと、家庭でのしつけができていないと思われたものです。

　でも、長い時間このように座っているのは、日本人にとっても苦痛なのです。足がしびれた経験を誰もが少なくとも一度や二度はしています。とはいえ、いくつかのコツがあります。例えば、お尻を足の間に入れ、床につけて座るのです。さらに、足の親指に体重を乗せた方がいいです。折りたためる小さな座椅子を用意する人もいます。

　正座ができない外国人に対して、日本人は一般的に寛容です。あぐらをかいても、両膝を立てても大丈夫です。日本では急速に高齢化が進むにつれ、お寺に行く人も足腰が弱ってきています。その結果、多くのお寺では床に座らせるのをやめました。その代わりに椅子を用意しています。正しい姿勢よりも、穏やかで謙虚な心で参加する方がもっと大切なのです。

あなたはどう思う？

賛成・反対意見のサンプルを参考にして、自分の意見を文章にしてみましょう。

Für 賛成

1. Das tägliche Sitzen in der *Seiza*-Position stärkt die Muskulatur und Flexibilität.
毎日正座をすると、筋肉の強度と柔軟性が鍛えられます。

2. Die *Seiza*-Position verbessert die Haltung.
正座は姿勢を良くします。

3. Bei der in der Meiji-Zeit entwickelten *Ryūrei*-Teezeremonie sitzen die Gäste auf Hockern und nicht in der *Seiza*-Position.
立礼式の茶道では、客は正座するのではなく、椅子に座ります。

4. Es ist fast unmöglich, im Sitzen einzuschlafen.
正座をしていると、居眠りはほぼ不可能です。

Wider 反対

1. *Seiza* kann schwierig werden, wenn die Kleidung zu eng ist.
着ている服がきつすぎると、正座をするのがとても困難なことがあります。

2. Das Sitzen in der *Seiza*-Position ist eine überholte Tradition.
正座で座るのは時代遅れの伝統です。

3. Es ist peinlich, nach langem Sitzen in der *Seiza*-Position sich anstrengen zu müssen, um wieder aufzustehen.
長時間正座した後、立ち上がるのに苦労をするのは、恥ずかしいです。

4. Wenn man zu oft in der *Seiza*-Position sitzt, riskiert man die Abnutzung der Hose an den Knien.
正座で座ることが多すぎると、ズボンの膝が擦り切れるかもしれません。

11 ▷ Minpaku

In den letzten Jahren haben Touristen das Internet nicht nur genutzt, um sich über Sehenswürdigkeiten zu informieren, sondern auch für die Suche nach einer Unterkunft. Immer mehr Leute nutzen Webseiten wie Airbnb und CouchSurfing, um auf Reisen einen Aufenthaltsort zu finden. Anstatt eine Agentur anzurufen, wählen sie ein direktes Netzwerk mit persönlichem Kontakt. Diese Methode, etwas Billiges oder sogar eine kostenlose Übenachtung zu finden, hat sich weltweit schnell verbreitet. In Japan bedeutet der Begriff *Minpaku* „Aufenthalt in Privathäusern".

Die Olympischen Spiele von Tokio 2020 stehen kurz bevor. Vor allem in den großen Städten wird der Mangel an Gästebetten zu einem ernsthaften Problem. Es ist nicht nur schwierig, eine Reservierung zu machen: Selbst wenn man Erfolg hat, sind die Preise oft sehr hoch. Die Regierung ist stark für das *Minpaku*-System, während die japanische Hotellerie stark dagegen ist. In der Zwischenzeit schreitet die Deregulierung nicht voran. Infolgedessen arbeiten einige *Minpaku*-Hosts illegal. Die Wohnungen dieser Art werden *Moguri* (wortwörtlich „Unterwasser-") *Minpaku* genannt.

In Ermangelung von Vorschriften bestehen nicht genehmigte Herbergen manchmal aus kleinen schmutzigen Räumen in minderwertigen Einrichtungen. Sie verursachen auch Müll- und Lärmprobleme für die unmittelbare Nachbarschaft. Das Ergebnis ist im Allgemeinen ein schlechter Ruf für das *Minpaku*. In Osaka, Kyoto und im Bezirk Ota in Tokio kaufen die Kommunalbehörden jedoch private Wohnungen. Sie führen Reparaturen durch und übernehmen die Kontrolle über das Management. Sie hoffen, dass dies zur Erhöhung der Zahl ausländischer Besucher beitragen wird. Im Allgemeinen verbessert sich die Situation.

Im Moment sind die *Minpaku*, die einen guten Ruf haben, besonders diejenigen, die junge Menschen nach dem Vorbild von Jugendherbergen geschaffen haben. Darüber hinaus empfehlen die Regierungen in ländlichen Gebieten Gastfamilien, die auch eine gute Gelegenheit bieten, die japanische Landschaft kennenzulernen.

❖ Wörter und Phrasen

- [ ] sich über et⁴ informieren …に ついての知識を仕入れる
- [ ] selbst wenn... たとえ…しても
- [ ] Deregulierung (f) 規制緩和、規制 撤廃
- [ ] voranschreiten 前進する
- [ ] minderwertig お粗末な
- [ ] Ruf (m) 評判
- [ ] beitragen 貢献する

11 Minpaku

民泊

近年、観光客は観光地の情報収集だけでなく、宿泊先の検索にもインターネットを使っています。旅行中の滞在先を、エアビーアンドビー（Airbnb）やカウチサーフィン（CouchSurfing）などのサイトを使って見つける人が増えています。代理店に電話するのではなく、直接人と人とを結ぶネットワークを選んでいるのです。安価な、あるいは無料のこともある宿を見つけるこの方式はあっという間に世界中に広まりました。これを日本では「民泊」と言い、民家における宿泊を意味します。

東京 2020 オリンピックが近づいてきました。とくに大都市での宿泊施設不足が深刻な問題になっています。なかなか予約がとれないだけでなく、とれても非常に高い価格になりかねません。政府は民泊を強く支持しています。しかし、ホテルや旅館の業界が猛反対していて、規制緩和はあまり進んでいません。そのため、非合法で運営されている民泊もあります。メディアはこれを「モグリ民泊」と呼んでいますが、それは、「水面下でやっている宿泊」を意味します。

規制がないため、ときとしてモグリ民泊は狭くて汚く、劣悪な施設であったりします。ゴミや騒音で近隣に迷惑をかけることも、ときどき発生しています。結果的に、民泊全体にとって良くない評判となっています。しかし、大阪府や京都府、東京の大田区では、地方自治体が民間住宅を買い上げています。住宅を改修し、運営を担っています。こうしたことが、訪日客の増加につながることを期待しているのです。全体としては、改善される方向に進んでいます。

現時点で評判が良い民泊は、若い人たちが始めているユースホステル・タイプのものです。それに加えて、地方の自治体は農家民宿をすすめています。これは、日本の地方都市を発見するにもいい方法です。

あなたはどう思う？

賛成・反対意見のサンプルを参考にして、自分の意見を文章にしてみましょう。

Für 賛成

1. *Minpaku* sind freundlicher als Businesshotels.
民泊はビジネスホテルよりも親しみが持てます。

2. In einem *Minpaku* gibt es mehr Möglichkeiten für kulturellen Austausch.
民泊の方が、文化的な交流を持てる機会がより多くあります。

3. *Minpaku* bieten eine ausgezeichnete Gelegenheit, andere Touristen zu treffen.
民泊では、他の旅行者と出会う大きなチャンスがあります。

4. *Minpaku* sind eine neue und interessante Art Reiseerlebnis.
民泊は、今までにない新しくて面白い旅行体験です。

Wider 反対

1. Der Aufenthalt in einem Privathaus kann lästig sein.
個人宅に宿泊するのは、負担になるかもしれません。

2. Mangelnde Regulierung kann ein Risiko darstellen.
規制がないため、時には宿泊するのにリスクを伴う可能性があります。

3. Im Gegensatz zu einem Hotel kann man sich in einem Privathaus nicht völlig entspannen.
民泊はホテルに宿泊するほどくつろげません。

4. Die *Minpaku* sind in der Regel weit vom Bahnhof und der Innenstadt entfernt.
民泊はたいていの場合、駅や繁華街から離れています。

3

Essen und Getränke

飲食

12 ▷ Bentō

Die Reichen können gehen, wohin sie wollen, und in allem den höchsten Luxus genießen. Alle anderen müssen jedoch Geld sparen, besonders mit Rücksicht auf schlechte Zeiten. Solche Vorsicht erinnert uns an den japanischen Ausdruck *mottainai*: „Zu schade! Was für eine Verschwendung!"

Wer also beim Essen Geld sparen will, kann ein Verpflegungspaket (*Bentō*) genießen. In diesem Fall bezieht sich das Wort nicht auf die am Bahnhof verkauften *Bentō* (*eki-ben*), sondern auf die billigen Konservenprodukte, die in Mini-Märkten, Supermärkten, oder Fachgeschäften wie *Hotto Motto* verkauft werden. Zur Mittagszeit werden sie alle zusammen angezeigt. Die meisten können für weniger als 500 Yen gekauft werden. Je nach Laden kann man noch *Miso*-Suppe oder Tee dazu bekommen. Später am Tag werden sie oft für einen reduzierten Preisen verkauft. (Man braucht keine Angst um die Lebensmittelsicherheit zu haben, denn Japan hat höchste Qualitätsstandards.)

Es gibt viele Gründe, den Genuß von *Bentō* zu fördern. Viele Abwechslungen, niedrige Kosten, guter Geschmack, relativ ausgewogene Ernährung und ästhetische Darstellung sprechen dafür. Darüber hinaus bieten *Bentō* einen Vorgeschmack auf die lokale Kultur, die tägliche Küche der einfachen Leute.

Die in den Laden verkauften Plastik-*Bentō*-Container sind Einwegartikel, aber die Boxen, die die Japaner für sich und ihre Familien verwenden, sind sehr ansprechend. Mütter legen großen Wert darauf, für ihre Kinder ein originelles hausgemachtes Mittagessen zuzubereiten.

✤ Wörter und Phrasen

- ☐ Luxus (m) 贅沢
- ☐ sparen 節約する
- ☐ je nach... …によっては
- ☐ Qualitätsstandard (m) 品質基準
- ☐ Ernährung (f) 栄養
- ☐ ästhetisch 美的な
- ☐ einweg 使い捨て

12 ▷ *Bentō*
弁当

　お金持ちなら、気の向くまま、どんなことにおいても最高級の贅沢を味わえます。一方、そうでない人々は、いざというときのことを考えて節約しなければなりません。そうした倹約の心がけは、「無駄にしてはいけない」という意味の「もったいない」という日本語を思い起こさせます。

　食において節約するなら、弁当を買うべきです。ここで言う弁当とは、駅で売っている駅弁ではありません。コンビニやスーパーマーケット、あるいは「ほっともっと」のような弁当専門チェーン店で売っている安価なランチもののことです。昼食時に全て一緒に並べられます。ほとんどが500円以下で買うことができます。店によっては、味噌汁かお茶もつきます。そして、少し時間を過ぎたら、割引き価格で販売されることも多いのです（日本は品質管理の基準が高いので、衛生上の問題を心配する必要もありません）。

　弁当をすすめる理由はたくさんあります。種類が豊富である、安い、美味しい、比較的栄養バランスが良い、盛り付けが美しい、などが良い点です。それに加えて、地方色も味わえる庶民の日常食なのです。

　店で売られる弁当のプラスチック容器は使い捨てです。しかし、日本人が自分や家族のために使うお弁当の容器は、とても魅力的なものがあります。お母さんは子どものためにオリジナルの手作り弁当を用意することを大切に考えています。

あなたはどう思う？

賛成・反対意見のサンプルを参考にして、自分の意見を文章にしてみましょう。

Für 賛成

1. Es gibt viele Orte, an denen man schnell und einfach *Bentō*-Boxen kaufen kann.
弁当を素早く簡単に買うことのできる場所はたくさんあります。

2. Jedes Geschäft bietet eine Vielzahl von *Bentō*-Boxen zum Verkauf an.
どの店でもいろいろな種類の弁当が販売されています。

3. Läden, die *Bentō*-Boxen verkaufen, bieten oft interessante monatliche Menüaktionen an.
弁当を販売する店では、興味をそそる月間メニューを販売していることがよくあります。

4. Man kann leicht seine Lieblingsnahrungsmittel finden, die als *Bentō* verkauft werden.
お気に入りの、ほっとする食べ物が、弁当として売られているのを簡単に見つけることができます。

Wider 反対

1. Das tägliche *Bentō* Essen kann ungesund sein.
毎日弁当を食べると不健康になる恐れがあります。

2. Wir sollten *Bentō*-Einwegbehälter recyceln.
使い捨ての弁当の容器はリサイクルすべきです。

3. Unverkaufte *Bentō*-Boxen müssen gespendet oder recycelt werden.
売れ残った弁当は慈善事業に寄付するか、リサイクルされるべきです。

4. Die in Mini-Märkten verkauften *Bentō*-Boxen ersetzen allzu oft das Essen zuhause.
家で料理をする代わりに、コンビニ弁当にしてしまうことがよくあります。

13 ▷ Das Curry

Zusammen mit *Rāmen*-Nudeln ist Curry ein besonders beliebtes Nahrungsmittel in Japan. Es wird berichtet, dass in der Meiji-Ära die Kaiserlich Japanische Marine das Gericht von der britischen Marine übernommen hat. Heute findet man eine große Auswahl an Currys. Es gibt den europäischen Stil, für den die Zutaten lange gekocht werden. Indisches Curry, das normalerweise mit Chapatti oder Nan gegessen wird, ist ebenfalls üblich. Currysuppe ist eine Erfindung Hokkaidos. Hausgemachtes Curry hat viele Zutaten. Der Konsum dieser verschiedenen Curry-Sorten mit dicken *Udon*-Nudeln, *Rāmen* oder Spaghetti anstelle von Reis ist ebenfalls beliebt.

In Japan wird Curry normalerweise mit Soße über Reis gegessen und wird *karē-raisu* genannt. Es gibt Leute, die es *raisu-karē* nennen, aber das bedeutet nicht, dass der Reis über die Soße gegossen wird!

In Bezug auf Curry gibt es in letzter Zeit zwei Modeerscheinungen, von denen die erste „Damm Curry" ist. In Gebieten Japans, in denen es viele Staudämme gibt, kam es als lokale Spezialität auf. Der Reis stellt den Damm dar und die Sauce oder die Suppe den See. Der zweite Trend heißt

„Kanda Curry". Es gibt fast 400 Curry-Restaurants im Kanda-Gebiet von Tokio. Der „Kanda Curry Grand Prix" ist jedes Jahr ein Ereignis, bei dem der Gewinner des Wettbewerbs an Popularität enorm dazugewinnt.

Japanische Currysauce in Pulverform oder en bloc ist überall verfügbar. Wenn Sie Lust haben auf Curry, müssen Sie dies unbedingt mal selbst machen und probieren. Sogar Inder, in deren Land die Gewürze ihren Ursprung haben, sind von der Zweckmäßigkeit und dem köstlichen Geschmack überrascht.

✚ Wörter und Phrasen

☐ Zutat (f) 材料

☐ hausgemacht 自家製の

☐ anstelle von …の代わりに

☐ in Bezug auf et⁴ …に関して

☐ Mode (f) 流行

☐ Zweckmäßigkeit (f) 利便性

13 Das Curry
カレー

ラーメンと並んで日本人が特に好む食べ物がカレーです。明治時代にイギリス海軍から日本海軍に伝わったと言われています。今日では、多様な種類が見られます。具材を長時間煮込んだ欧風カレーがあります。チャパティやナンと一緒に食べるインド風カレーも、また一般的です。スープカレーは北海道生まれ。自家製カレーには具材がたくさん入っています。ごはんの代わりに、うどん、ラーメン、スパゲッティにかけた色々なカレーも人気があります。

日本では、ルウをごはんの上にかけて食べるのが一般的で、「カレーライス」と呼ばれています。「ライスカレー」と呼ぶ人もいますが、カレーの上にごはんをのせるという意味ではありません。

カレーに関して最近の流行が2つあります。1つは「ダムカレー」です。ダムがたくさんある日本の各地域で、地元の名物になっています。これはごはんをダムの止水壁に、ルウやスープをダム湖に見たてたものです。2つ目は「神田カレー」です。東京・神田には400店近くのカレー店が集まっています。その中からNo.1を決める「神田カレーグランプリ」というイベントが毎年開催されています。ここで上位入賞した店が、超人気店になります。

ルウを顆粒ないし固形にしたものは、今では簡単に手に入ります。料理したい気分になったら、ぜひ試してください。この便利さと美味しさには、カレー発祥地のインドの人もビックリです。

あなたはどう思う？

賛成・反対意見のサンプルを参考にして、自分の意見を文章にしてみましょう。

Für 賛成

1. Das Curry kann mit verschiedenen Zutaten zubereitet werden.
カレーはさまざまな材料を使って作ることができます。

2. Da Menschen jeden Alters Curry essen, ist es eine einfache Mahlzeit für die gesamte Familie.
あらゆる世代の人々がカレーを食べるので、大家族にとっては楽な食事です。

3. Auch kleine Supermärkte verkaufen eine Vielzahl von Curry-Basen.
小さなスーパーマーケットでもいろいろな種類のカレールウを売っています。

4. Curry kann lange im Gefrierschrank aufbewahrt werden.
残り物のカレーは冷凍庫で長期間保存できます。

Wider 反対

1. Einige Geschäfte verwenden minderwertiges Fleisch in ihrem Curry.
カレーショップの中には、質の低い肉をカレーに使っているところもあります。

2. Zu oft Curry essen kann dick machen.
カレーの食べすぎで太る可能性があります。

3. Curry enthält viel Natrium, was der Gesundheit schadet.
カレーには多量のナトリウムが含まれており、健康に良くありません。

4. Die Art, Hokkaido-Suppencurry zu essen, kann verwirrend sein.
北海道のスープカレーの食べ方には、当惑する人もいるかもしれません。

14 ▷ Rāmen

Es gibt immer mehr Ausländer, die sich für japanische Esskultur interessieren. Dies gilt nicht unbedingt für teure, hochwertige Lebensmittel wie *Kaiseki Ryōri*, die eine traditionelle mehrgängige Haute Cuisine auszeichnen, sondern für alltägliche Lebensmittel wie *Rāmen*, *Sushi* auf dem Förderband, Rindfleisch auf Reis (*Gyūdon*) und Curry. Alle diese Produkte sind populär geworden, so dass große Ketten Geschäfte in Städten auf der ganzen Welt eröffnet haben. Es ist eine gute Sache, dass die Leute diese Restaurants in ihrem eigenen Land genießen können. Trotzdem möchten die meisten Reisenden nach Japan eine authentische Atmosphäre auch beim Essen genießen.

Japanisches Essen ist im Alltag beliebt, nicht nur *Rāmen* sondern auch *Sushi*. Ursprünglich war *Rāmen* ein Nudelgericht, das die Chinesen verzehrten, die im 19. Jahrhundert nach Japan kamen. Das chinesische Schriftzeichen der ersten Silbe bedeutet ‚Strecken'. Wie bei italienischer Pasta wird der Weizenteig gedehnt, gerollt und in Nudeln geschnitten. Im 20. Jahrhundert verbreitete sich diese Methode in ganz Japan.

Es gibt unzählige Variationen in der Auswahl an Suppen, Nudeln und japanischen *Rāmen*-Zutaten. Neue Versionen werden nacheinander vorgestellt. Trends kommen und gehen in einem rasenden Tempo. Man sagt, wenn jährlich 6.000 neue Geschäfte eröffnet werden, überleben 5.000 nicht. Darüber hinaus gibt es „lokale *Rāmen*" aus allen Landesteilen. Alles, was an Popularität gewinnt, kann in Japan in Supermärkten als Instant-Nudeln oder „Cup Noodle" verkauft werden.

Es gibt einen bemerkenswerten Unterschied zwischen den Japanern und den meisten Ausländern in der Art, wie sie *Rāmen* essen. Während sie ihre Nudeln leise essen, schlürfen die Japaner sie laut. Für *Soba* und *Udon* ist es dasselbe. Das stört die meisten Japaner nicht, aber einige Nichtjapaner finden es unhöflich. Die Japaner sollten sich daran erinnern, wenn sie Besucher empfangen.

✚ Wörter und Phrasen

☐ **authentisch** 本物の

☐ **verzehren** 食べ尽くす、平らげる

☐ **Teig (m)** 生地

☐ **nacheinander** 次々と

☐ **kommen und gehen** 行ったり来たりする

☐ **rasend** がんがん、猛烈な

☐ **schlürfen** 音を立ててすする

14 ラーメン

日本の食文化に関心を向ける外国人が増えています。それも懐石料理のような伝統的で、品数の多い高級なコース料理を言っているのではありません。ラーメン、回転寿司、牛丼、カレーなど、日常的な食べ物のことです。これらは全て人気が高く、大手チェーンが世界中の都市に出店するようになりました。こうしたお店を自国で体験できるのは素晴らしいことです。でも、日本を訪れる旅行者のほとんどは、食事においても本物の雰囲気を味わいたいのです。

日常的な日本の食べ物の中で、ラーメンは寿司と並んで人気があります。もともとラーメンは、19世紀に日本に来た中国人たちが食べていた麺料理です。中国語の「拉麺」の「拉」は「引きのばす」という意味です。イタリア料理のパスタと同様に、小麦粉で作った生地を伸ばして、転がし、切ってラーメンの麺ができます。20世紀になって、この作り方が国全体に普及したのです。

日本のラーメンは、スープ、麺、具材などに無数のバリエーションがあります。新しいタイプのものも次々と生まれて、流行も激しく移り変わっていきます。年に6,000軒が新規出店しても、5,000軒が廃業する、と言われています。その上、全国各地にご当地ラーメンがあります。人気を得たものはインスタントラーメンや「カップ麺」になって、全国のスーパーマーケットなどで販売されています。

外国人と日本人とで、ラーメンの食べ方には大きな違いがあります。外国人は静かに食べ、日本人は音を立ててすすります。そばやうどんも同じです。音を立ててすすり込む食べ方は、ほとんどの日本人にとっては平気ですが、外国人の中にはこれを下品だと考える人もいます。ですから、お客さんが来たときに、日本人はこのことを覚えておいてください。

あなたはどう思う？

賛成・反対意見のサンプルを参考にして、自分の意見を文章にしてみましょう。

Für 賛成

1. Die Popularität von *Rāmen* im Ausland trägt zum japanischen Tourismus bei.
海外におけるラーメンの人気は、日本の観光業に貢献しています。

2. Die *Rāmen* sind billig und im Allgemeinen leicht zu finden.
ラーメンは価格が安く、たいてい簡単に見つかります。

3. Es gibt verschiedene Arten von *Rāmen*.
ラーメンには、さまざまな種類があります。

4. Die *Rāmen* sind ein gutes Essen, wenn man es eilig hat.
ラーメンは急いでいるときに食べるのに向いている食べ物です。

Wider 反対

1. Mehr als 4.000 *Rāmen*-Restaurants schließen jedes Jahr.
毎年4,000店以上のラーメン店が閉店しています。

2. Das Schlürfen beim Nudelessen kann für ausländische Touristen schockierend sein.
麺をすする音は、外国人観光客に不快な思いをさせることがあります。

3. Mit seinem hohen Gehalt an Salz und Fett sind *Rāmen* gesundheitsschädlich.
塩分と脂肪分が高いので、ラーメンは健康に良くありません。

4. *Rāmen* zu essen, ohne sich zu beschmutzen, kann für Touristen schwierig sein.
ラーメンをきれいに食べることは、観光客にとって難しいかもしれません。

15 Nabe

Bei einer Mahlzeit in Japan erhält normalerweise jede Person, die am Tisch sitzt, ein individuelles Gericht. Das *Nabe-Ryōri*, eine Art japanisches Fondue, ist eine Ausnahme. Die Zutaten werden in einem großen „*Nabe*" (Topf) am Tisch gekocht, von dem jeder seine eigene Portion nimmt. Die beiden bekanntesten Sorten sind *Sukiyaki*, eine Mischung aus fein geschnittenem Rindfleisch und Gemüse, und *Yosenabe*, ein Meeresfrüchteeintopf.

Nabe hat viele regionale Sorten, die sich in ihren Zutaten und ihrer Brühe unterscheiden. Besonders in der kalten Jahreszeit ist das Essen dieses warmen Gerichts immer ein Genuss. Erstens ist der Geschmack mit Zutaten wie Meeresfrüchten, saisonalem Wurzelgemüse und Pilzen hervorragend. Zweitens wärmt es den ganzen Körper. Reisende finden den lokalen Geschmack und die Art, das Essen zu genießen, faszinierend. In der Tat könnte dieses Erlebnis zu einer der beeindruckendsten Erinnerungen an eine Reise nach Japan werden.

Hier sind einige der bekanntesten Versionen der lokalen *Nabe* aus ganz Japan: *Sanpeijiru* aus Hokkaido enthält Lachs, Hering und Kabeljau in einer *Miso*suppe. *Jappajiru* aus Aomori enthält gekochte Fischeingeweide und Gemüse. *Kiritanpo* aus Akita besteht aus zerstoßenem Reis und einem Umschlag um einen Zedernstock. In Yamagata findet man *Imoni*, welches aus Tarokartoffeln und Schweinefleisch oder Rindfleisch besteht. Schließlich kann man in Hakata auf Kyushu auch das *Motsunabe* essen, das Kutteln und viel chinesischen Schnittlauch enthält.

Das Vergnügen am Eintopf liegt nicht nur im Geschmack. Wenn alle zusammensitzen, verstärken sich familiäre und freundschaftliche Bindungen. Insbesondere der Küchenchef heißt *Nabe Shōgun*. Der Titel wird halb aus Scherz und halb aus Respekt vergeben.

✜ Wörter und Phrasen

☐ Ausnahme (f) 例外
☐ regional, lokal 地方の
☐ Brühe (f) 煮出し汁
☐ Wurzelgemüse (n) 根菜

☐ hervorragend 突出した
☐ enthalten 含む
☐ Vergnügen (n) 悦楽、楽しみ
☐ aus Scherz 冗談で

15

鍋

　日本の食事では一般的に、食卓を囲む一人ひとりに料理が出されます。でも、日本のフォンデュともいえる鍋料理は別です。これは、テーブルに置かれた大きな「鍋」に材料を入れた料理で、各自が一つの鍋から自分の分を取って食べます。最もよく知られているのは、薄くスライスした牛肉と野菜からなる「すき焼き」と、海鮮物の鍋ともいえる「寄せ鍋」です。

　鍋の種類は具材や出汁によって、それぞれの地方でさまざまな種類があります。この温かい鍋料理は、とくに寒い季節には最高です。なんといっても、魚介類、季節の根菜、きのこ類などの具材を使っているので、とてもいい味わいです。そして、全身が温まります。旅行者には、その地方特有の味付けや食べ方が興味深いようです。確かに、鍋料理は日本旅行の最も印象深い思い出の一つになるかもしれません。

　日本各地の有名な鍋料理をいくつか紹介します。鮭やニシン、鱈などを味噌スープに入れた北海道の「三平汁」。魚の内臓と野菜を煮た青森の「じゃっぱ汁」。潰したごはんを棒に円筒状に巻いたものが入るのは、秋田の「きりたんぽ」。里芋と豚肉または牛肉の入った山形の「芋煮」。それから、ハチノスと大量のニラが入った九州・博多の「もつ鍋」があります。

　鍋の楽しみは味わいだけではありません。みんなでにぎやかに一つの温かい鍋を囲むことで、家族や友人たちとの絆が強まります。とくに調理を担当する人を「鍋将軍」と呼びます。この言葉には、冗談半分、敬意が半分、含まれています。

あなたはどう思う？

賛成・反対意見のサンプルを参考にして、自
分の意見を文章にしてみましょう。

Für 賛成

1. Supermärkte verkaufen eine Vielzahl von *Nabe*-Basen.
スーパーマーケットではいろいろな種類の鍋の出汁が売られています。

2. Die Reste von *Nabe* machen ein ausgezeichnetes Frühstück.
鍋の残り物はとても美味しい朝食になります。

3. Viele Restaurants servieren *Nabe* auf Jahresendfeiern.
多くの飲食店は忘年会で鍋を出します。

4. *Nabe* ist eine großartige Möglichkeit, die lokale Esskultur zu
entdecken.
鍋は地域の食文化を経験するのにとてもよい方法です。

Wider 反対

1. Essen aus dem gleichen Topf ist nicht hygienisch.
複数人で同じ鍋をつつくのは非衛生的です。

2. Tragbare Gasherde am Tisch können gefährlich sein.
卓上で使われるポータブルのガスコンロは、危険なことがあります。

3. Manche finden es widerlich aus einem gemeinsamen Topf zu
essen.
他人と同じ鍋から物を食べるのに抵抗がある人もいます。

4. *Nabe* ist im Sommer kein gutes Gericht.
鍋は夏向きの料理ではありません。

16 ▷ Japanische Süßigkeiten

Japanische Desserts und Süßwaren erfreuen sich immer größerer Beliebtheit bei Japanbesuchern. Es gibt natürlich viele westliche Snacks wie Kartoffelchips und Kuchen. Was die Besucher jedoch suchen sollten, sind traditionelle japanische Süßigkeiten.

Traditionelle japanische Süßigkeiten haben ihren Ursprung in den Kuchen, die während der Teezeremonie serviert werden. Für jede Jahreszeit gibt es ein Motiv. Im Frühling kann es eine Kirschblüte oder ein frisches Blatt sein, im Sommer ein kühler Bach oder ein *Ayu* (eine kleine Flussforelle). Im Herbst können es die Farbe wechselnde Blätter sein. Der Sinn für japanische Schönheit, der mit diesen Bildern und Farben verschmilzt, schafft ein Objekt, das zu gut scheint, um gegessen zu werden. Die meiste Süße kommt von *Anko*, einer süßen roten Bohnenpastete.

Für Teekuchen gibt es zwei allgemeine Klassifikationen. Erstens gibt es ein Produkt namens *Omogashi*, ein saisonales Produkt aus *Anko*. Die zweite Art ist *Higashi*, eine trockene keksähnliche Süßigkeit. Das Reismehl wird in eine Form gepresst und eingefärbt. Da sie nicht viel Feuchtigkeit enthalten, können sie lange gelagert werden.

In ganz Japan gibt es viele Unternehmer, die weiterhin auf traditionelle Weise Süßigkeiten herstellen. In *Sendai* wird *Zunda Mochi* (Klebreis) aus grünen Sojabohnen hergestellt. Aus Fukui kommt der transparente *Kuzu Manju* (Pfeilwurzkuchen), der für sein erfrischendes Aussehen bekannt ist. Tokio ist berühmt für sein *Anmitsu*, ein aromatisiertes Gelee mit süßen Bohnen, verschiedenen Früchten und einer Melassesauce.

✚ Wörter und Phrasen

☐ Süßigkeit (f), Süßware (f) お菓子
☐ Ursprung (m) 元祖、源流
☐ Motiv (n) モチーフ
☐ Form (f) 型

☐ einfärben 染める
☐ Feuchtigkeit (f) 水分
☐ transparent 透明な
☐ Melassesauce (f) 糖蜜

16 和菓子

Japanische Süßigkeiten

来日した人の間で、日本のデザート、スイーツ類の人気が高まっています。もちろん、西欧にもあるポテトチップスのようなスナックやケーキはたくさんあります。しかし、日本を訪れる人にぜひ探してほしいのが、日本の伝統的な和菓子です。

和菓子のルーツは、お茶席で出される茶菓子にあります。季節ごとにモチーフがあります。春は桜や若葉かもしれません。夏には涼し気な清流や鮎、秋には紅葉。日本的な美意識が、これらのイメージや色と融合されて、食べるのが惜しいほど美しい一品が生まれます。甘味のほとんどは、砂糖と煮込んだ小豆から作られる餡です。

茶菓子には大別して2種類あります。1つ目は主菓子（おもがし）で、これは季節ごとに餡から作られます。もう一つはクッキーに似た干菓子（ひがし）です。米粉を型に入れ、着色したものです。水分をあまり含まないので長期間保存がききます。

日本各地には、伝統的な手法でお菓子を作り続けている店がたくさんあります。仙台には枝豆から作る「ずんだ餅」、福井には涼し気な姿で知られる透明な「葛（くず）まんじゅう」があります。東京は寒天などの上に餡、色々なフルーツがのって糖蜜がかかった「あんみつ」が有名です。

あなたはどう思う?

Für 賛成

1. Japanische Süßigkeiten sind nicht so süß wie die aus Übersee.
和菓子は海外のものほど甘くありません。

2. Der Verzehr traditioneller Kuchen trägt zur Erhaltung der japanischen Küche bei.
伝統的なお菓子を食べることが、日本の食文化を守ることになります。

3. Süßigkeiten aus *Anko* passen gut zum Kaffee.
あんこを使ったお菓子はコーヒーによく合います。

4. *Matcha*-Süßigkeiten werden im Ausland immer beliebter.
抹茶味のお菓子は、海外でますます人気が出ています。

Wider 反対

1. Handgemachte japanische Süßigkeiten sind teurer als importierte Bonbons.
手作りの和菓子は輸入菓子よりも高価です。

2. Japanische Süßigkeiten gibt es normalerweise nur in traditionellen Geschmacksrichtungen.
和菓子はたいてい伝統的な味のものしか売られていません。

3. Läden, in denen traditionelle Leckereien verkauft werden, nehmen stetig ab.
伝統的なお菓子を販売する店の数は着実に減少しています。

4. Es gibt weniger Sorten japanischer Süßigkeiten als westliche Süßigkeiten.
和菓子は西洋の菓子よりもバラエティに乏しいです。

17 ▷ Alkoholische Getränke

Mit dem demografischen Rückgang in Japan nimmt auch der Alkoholkonsum von Jahr zu Jahr ab. Im Gegensatz dazu nimmt das Volumen der japanischen *Saké*-exporte zu. Die Verkäufe verzeichnen jedes Jahr neue Rekorde. Da in der Regel *Saké*, bei japanischem Essen serviert wird, sind immer mehr Nicht-Japaner mit dem Geschmack vertraut.

Die Zutaten sind Reis, Wasser und *Kōji-kin* (*Koji*-Hefepilz [Aspergillus oryzae]). Die feinste Sorte, *Daiginjō*, wird aus weißem Reis mit einem Polierungsgrad von mehr als 60% fabriziert. Er hat einen reinen und raffinierten fruchtigen Geschmack.

Der prestigeträchtigste Weinwettbewerb der Welt ist die International Wine Challenge. Im Jahre 2007 wurde eine neue Kategorie geschaffen: *Saké*. Jeder prämierte Wein gewinnt natürlich Popularität auf den internationalen Märkten. Japanische Hersteller haben gute Ergebnisse erzielt, nicht nur in der *Saké*-Kategorie, sondern auch für Whisky und Traubenwein.

Nicht nur Japaner, sondern auch alle, die alkoholische Getränke genießen, haben ihre eigenen Sitten und Gewohnheiten. In Japan ist es üblich, dass man beim Bestellen im Lokal *„Toriaezu biiru"* sagt, d.h. „wir fangen mit Bier an". Danach genießt man sein Lieblingsgetränk: *Shōchū* (japanischer Schnaps), *Awamori*-Schnaps aus Okinawa, Whisky oder Wein. Für *Shōchū* gibt es viele Mixgetränke mit Wasser, Eiswürfeln, Tee, Limonaden und Fruchtextrakten. Um einen recht unangenehmen Kater zu vermeiden, sollte man nicht versuchen, die vielen Variationen zugleich zu probieren!

❖ Wörter und Phrasen

☐ im Gegensatz zu　対照的に

☐ neuen Rekord verzeichnen　新記録を立てる

☐ vertraut　慣れた、親しみのある

☐ fein　品の良い、口当たりのよい

☐ fabrizieren　創り出す、仕立て上げる

☐ Fruchtextrakt (m)　果実エキス

☐ Kater (m)　二日酔い

17 Alkoholische Getränke
お酒

　人口が減少している日本では、お酒の消費量も年々減少しています。これと対照的に日本酒の輸出量は伸びており、年々最高記録を更新しています。海外で和食を提供する店やバーの軒数が増えています。日本酒は普通食事と一緒に出されることから、味になじみのある外国人が増えたためです。

　日本酒の原料は米と水と麹菌です。最高級の日本酒である大吟醸（だいぎんじょう）という種類は、米粒を元の大きさから60%以上も削って作られています。雑味がなく、上品でフルーティーな味わいになります。

　世界で最も権威ある酒のコンテストはインターナショナル・ワイン・チャレンジです。2007年SAKE部門が設けられました。ここで受賞すると、国際市場でも人気を得ることになります。日本の酒メーカーは、日本酒だけでなく、ウイスキーやワインなどの部門でも好成績を収めています。

　日本人に限らず、酒好きはみな自分独自のルールやこだわりを持っています。日本では、最初に誰かが「まずはビールから始めよう」という意味で「とりあえずビール」と注文するのを聞くことがよくあります。その後は焼酎、沖縄の泡盛、ウイスキー、ワインなどそれぞれ好きなものを注文します。焼酎の飲みかたにしても、お湯、ロック、お茶、ソーダ、果汁など割り方はさまざまあります。ひどい二日酔いを避けるためには、一度にたくさんの種類を試すのはやめましょう！

あなたはどう思う？

賛成・反対意見のサンプルを参考にして、自分の意見を文章にしてみましょう。

Für 賛成

1. Reduzierter Alkoholkonsum ist besser für die japanische Gesellschaft.
酒の消費量が減少しているのは、日本の社会にとって良いことです。

2. Die Popularität von *Saké* im Ausland wird das Interesse an der japanischen Kultur erhöhen.
外国での日本酒の人気は、日本文化への関心の上昇につながるでしょう。

3. Stark gemahlener *Saké* verursacht keinen Kater.
精米歩合の高い米で造った日本酒は二日酔いになりません。

4. *Kanpai* ist eines der bekanntesten japanischen Wörter.
「乾杯！」はとてもよく知られている日本語の一つです。

Wider 反対

1. Die Japaner geben zu viel Geld für Alkohol aus.
日本の人たちはアルコールにお金を使いすぎています。

2. In Japan ist es zu einfach, Alkohol zu kaufen.
日本ではあまりにも簡単にアルコールが買えてしまいます。

3. Japanische Unternehmen sollten sich auf Produkte konzentrieren, die die Gesundheit der Bevölkerung verbessern.
日本の企業は、人々の健康を改善するような製品に集中するべきです。

4. Rückläufige Alkoholverkäufe können zu Betriebsschließungen führen.
アルコール販売量の減少は、工場の閉鎖につながる可能性があります。

18 ▷ O-cha

Manche mögen wohl nicht wissen, dass der japanische Tee (*O-cha*) nicht aus einer einzigen Sorte besteht. Der für die Teezeremonie verwendete *Matcha*-Grüntee besteht aus grünen Blättern, die zu einem feinen Pulver gemahlen werden. Es wird häufig in Kuchen verwendet. Darüber hinaus sind Eis und Matcha-Pralinen sehr beliebt.

Dann gibt es den *Gyokuro* (wörtlich „runder Tautropfen"), den hochwertigsten Grüntee. Vor der Entwicklung der Knospen werden die Teepflanzen vor der Sonne geschützt, wobei die Produktion des Bitterstoffs Catechin unterdrückt wird. Der *Gyokuro* hat deshalb einen süßen und milden Geschmack.

Die gängigsten Getränke sind der grüne Tee mittlerer Qualität namens *Sencha*, der geröstete Tee *Hōjicha* und der Oolong-Tee. Diese finden sich üblicherweise auch in Verkaufsautomaten. *Sencha* aus gedämpften und zerknitterten Blättern hat einen leicht bitteren Geschmack. *Hōjicha* ist ein Tee von geringerer Qualität, parfümiert und geröstet. Oolong (*ūroncha* auf Japanisch) ist ein teilweise fermentierter Tee aus China. Außerdem gibt es *Bancha*, aber das Wort *Bancha* hat je nach Region unterschiedliche Bedeutungen. In einigen Gegenden ist es ein minderwertiger grüner Tee, der nicht aus den ersten Blättern hergestellt wird. In Gegenden wie Kyōto, Hokkaidō und Tōhoku heißt dieser *Hōjicha*.

Wie bei schwarzem Tee gibt es individuelle Vorlieben bezüglich Temperatur, Einweichzeit und des Eingießens. Abgesehen von der Teezeremonie denken wir jedoch nicht viel über die Methode nach, mit der uns eine Tasse Tee angeboten wird. Wir können so viele haben, wie wir wollen. In Restaurants ist *O-Cha* kostenlos, genau wie Wasser und heiße Tücher (*O-shibori*).

✚ Wörter und Phrasen

☐ Knospe (f)　つぼみ、芽

☐ schützen　（〜を光や熱から）保護する

☐ Catechin (n)　（化学）カテキン

☐ unterdrücken　（発生を）抑える

☐ Vorliebe (f)　嗜好、好み

☐ bezüglich　について、をめぐって

☐ Einweichzeit　抽出する時間

☐ abgesehen von　〜はさておき

18

O-cha

お茶

　日本人が飲むお茶は1種類ではないことを知らない人もいるのではないでしょうか。茶道などに使われる抹茶は、緑の茶葉を挽いて細かい粉末状にしたものです。ケーキの材料としてもよく使われています。それに加えて、抹茶味のアイスクリームやチョコレートも人気があります。

　それから、高級なお茶の玉露（文字通りには「玉状の白露」という意味）があります。お茶の芽が出る前から、茶の木を太陽光にあてないようにします。こうすることで、苦味成分であるカテキンの発生を抑えます。そのため、玉露は甘味があり、まろやかな味わいです。

　最も一般的に飲まれるものは、中ぐらいの品質の煎茶、茶葉をローストしたほうじ茶、そしてウーロン茶です。これらは自動販売機でも普通に見られます。煎茶は茶葉を蒸してくずしたもので、やや苦味があります。ほうじ茶は、茶葉を焙じた質の少し落ちる香りの良いお茶です。ウーロン茶は中国から入ってきたもので、ある程度発酵させたものです。それに加えて番茶がありますが、これは地域によって違う意味になります。いくつかの地域では、新芽ではない葉で作った、質の落ちる緑茶を指します。京都、北海道、東北では、ほうじ茶を指しています。

　紅茶と同じように、人々はお湯の温度、抽出する時間、注ぎ方までこだわりを持っています。でも、茶道の場合はさておき、お茶を出されるときの作法について、私たちはそれほど気にしません。何杯でもお代わりできます。レストランでは、水やおしぼりなどと同様に、お茶は無料です。

あなたはどう思う?

賛成・反対意見のサンプルを参考にして、自分の意見を文章にしてみましょう。

Für 賛成

1. *O-Cha* ist gesünder als Kaffee.
お茶はコーヒーよりも健康に良いです。

2. Der Kauf von *O-Cha* trägt direkt zur japanischen Wirtschaft bei.
お茶を買うと、日本経済に直接貢献します。

3. Viele Arten von *O-Cha* sind in Verkaufsautomaten leicht zu finden.
いろいろな種類のお茶を自動販売機で簡単に見つけることができます。

4. *O-Cha* ist entspannend.
お茶を飲むとリラックスできます。

Wider 反対

1. Viele Kinder bevorzugen Fruchtsäfte gegenüber *O-Cha*.
多くの子どもたちがお茶よりもフルーツジュースの方を好みます。

2. Es gibt viel Plastikmüll, der durch das abgefüllte *O-Cha* entsteht.
ペットボトルのお茶を買うことで、たくさんのプラスチックごみが出ます。

3. Viele junge Leute wissen nicht, wie man Tee macht.
多くの若い人たちは、お茶の入れ方を知りません。

4. Die Popularität von *O-Cha* im Ausland wird zu höheren Preisen in Japan führen.
外国でのお茶の人気が、日本での価格上昇につながるでしょう。

19 ▷ Fermentierte Lebensmittel

Brot, Wein, Käse, Tee, Salami und Sardellen sind Beispiele für die vielen fermentierten Lebensmittel, die wir produzieren und konsumieren. Die Fermentation ist das Ergebnis des Abbaus von Sacchariden in Lebensmitteln durch lebende Organismen. Dieser Vorgang erzeugt einen anderen Geschmack und hat eine konservierende Wirkung. Andererseits erzeugt die Umwandlung von Proteinen und Aminosäuren übelriechende Toxine und Gerüche.

Japan hat auch viele fermentierte Lebensmittel, *Miso*, Sojasoße, *Saké*, getrockneten Bonito, eingelegtes Gemüse und Essig, um nur einige zu nennen. Und sie haben eine lange Geschichte. Zum Beispiel wird *Miso* in einem Text vom Anfang des achten Jahrhunderts erwähnt. Der Pilz, der zur Herstellung von *Miso* und *Saké*, verwendet wird, ist eine einheimische japanische Art, Aspergillus oryzae, besser bekannt als *Nihon Kōji Kabi*.

Nattō ist auch ein klassisches fermentiertes Lebensmittel. Die Meinungen bezüglich seines Geruchs gehen sogar in Japan auseinander. Das Bakterium Bacillus subtilis *nattō* oder *nattōkin* kommt natürlich auf Reisstroh vor. Wenn man es an einem warmen und feuchten Ort mit Soja vermischt, gärt es.

Lebensmittel wie *Miso* und *Nattō* haben einen hohen Nährstoffgehalt und angeblich viele gesundheitliche Vorteile. Takeo Koizumi, emeritierter Professor von der Universität für Landwirtschaft und Technologie in Tokio und Experte für Zymologie in Japan, sagt, das Protein in *Miso* sei dem von Fleisch ähnlich. Außerdem enthält *Miso* acht essentiellen Aminosäuren. Somit kann von Professor Koizumi mit Sicherheit gesagt werden, dass er ein begeisterter Anhänger von fermentierten Lebensmitteln ist.

✛ Wörter und Phrasen

☐ Sardelle (f)　アンチョビ

☐ fermentieren　発酵させる

☐ Saccharid (n)　糖類

☐ Toxin (n)　毒素

☐ um nur einige zu nennen　2～3例を挙げると

☐ Pilz (m)　菌

☐ auseinandergehen　相違する、食い違う

☐ Nährstoff (m)　栄養分

19

Fermentierte Lebensmittel

発酵食品

　パン、ワイン、チーズ、紅茶、サラミ、そしてアンチョビは、私たちが生産し、消費しているたくさんの発酵食品の例として挙げられます。発酵とは、有機体が食品の糖類を分解した結果を言います。この過程で、別の味が生み出されたり、保存効果が出てきたりします。一方、タンパク質やアミノ酸を分解して、悪臭や毒素のある生成物を作り出します。

　日本にも発酵食品がたくさんあります。いくつかの例として、味噌、醬油、日本酒、カツオぶし、漬け物、酢などがあります。こうした食品にも、長い歴史があります。例えば、味噌は8世紀初頭の文献に出ています。味噌や日本酒を作る菌類は、日本固有の種であるAspergilus oryzaeで、一般的にはニホンコウジカビと呼ばれています。

　納豆も代表的な発酵食品です。その匂いをめぐっては、日本人の間でも意見が分かれます。納豆菌は、稲のワラにたくさん生息しています。暖かく湿った場所で大豆と混ざると、発酵して納豆ができます。

　味噌や納豆の栄養価は非常に高く、健康によいとされています。日本の発酵学の権威と言われる、東京農業大学の小泉武夫名誉教授によると、味噌に含まれるタンパク質は、肉のそれと似ているそうです。さらに、必須アミノ酸の8種類全てが味噌に含まれていると、教授は主張しています。こうしたことから、小泉教授は発酵食品の推進派だといえます。

賛成・反対意見のサンプルを参考にして、自分の意見を文章にしてみましょう。

Für 賛成

1. *Miso* zu Hause machen kann ein lustiges Projekt sein.
自宅で味噌を作るのは楽しいプロジェクトにもなります。

2. Viele Menschen betrachten *Nattō* und *Miso*-Suppe als ein Trostessen.
多くの人々が、納豆と味噌はほっとする食べ物だと考えています。

3. Das *Nattō* steht in vielen japanischen Fastfood-Läden auf der Frühstückskarte.
日本の多くのファストフード店では、朝食メニューに納豆が出てきます。

4. *Nattō-Maki* (Reisrollen mit *Nattō*-Füllung) ist der beste Weg, Ausländern den Geschmack von *Nattō* beizubringen.
納豆巻きは、外国人に納豆の味を紹介する上で最良の方法です。

Wider 反対

1. Viele Menschen mögen den Geruch von *Nattō* nicht.
多くの人々は、納豆のにおいが好きではありません。

2. *Miso*-suppe enthält viel Natrium, was Ihrer Gesundheit schadet.
味噌汁には高いレベルのナトリウムが含まれており、健康に良くありません。

3. Es ist schwierig, *Miso*-suppe im Ausland zu finden.
海外では、味噌汁を見つけるのが困難です。

4. Viele Menschen können weder den Geschmack noch den Geruch von *Miso* ausstehen.
多くの人が味噌の味やにおいに耐えられません。

20 ▷ Ein Gastronomisches Paradies

Viele Ausländer sehen Japan als ein gastronomisches Paradies, in dem man Gerichte aus aller Welt essen kann. Laut einer Umfrage im Stadtteil Minato in Tokio, wo es viele Botschaften gibt, hat der Bezirk Restaurants, die auf Speisen aus 21 verschiedenen Ländern spezialisiert sind.

Dennoch gibt es Ausländer, die darauf hinweisen, dass japanische Speisekarten viele mysteriöse Elemente enthalten. Spaghetti *Naporitan*, mit sautiertem Gemüse und Ketchup, unterscheidet sich zum Beispiel völlig von Spaghetti Napolitana. In Tenshin (Tianjin) in China gibt es kein *Tenshinhan*, ein Krabbenomelett auf Reis in einer dicken Soße. Dann gibt es den „*Toruko-raisu*" (Türkischen Reis) aus Nagasaki! Bei dieser ungewöhnlichen Kombination wird Schweinekotelett in einer Soße auf einem Bett aus Pilawreis mit Spaghetti serviert. Taiwan *Soba*, erfunden in Nagoya, gibt es in Taiwan nicht. Was Getränke betrifft, so wurde *amerikan kōhī* (amerikanischer Kaffee) aus leicht gerösteten Bohnen in Japan hergestellt.

Die Japaner sind von einer Neuordnung von Zutaten („*kaizen*", ein „kontinuierlicher Verbesserungsprozess") begeistert.

Zum Beispiel werden Spaghetti manchmal mit *Nattō*-Paste und Kabeljau-Eiern serviert. Eine Möglichkeit, den reichen, würzigen Geschmack einiger thailändischer und chinesischer Spezialitäten zu kontrollieren, ist das Hinzufügen von Sojasauce und *Saké*, namens *Mirin*.

Vielleicht ist der Ausdruck „So wird es bei uns gegessen" schon überholt. California Roll, eine in Amerika erfundene *Sushi*-Sorte, wurde nach Japan importiert. In Thailand ist es mittlerweile üblich, japanische Ravioli (*Gyōza*) mit *Wasabi*soße zu essen. Der *Chāhan* (japanischer gebratener Reis) wird in der Mongolei aus Hammel hergestellt. Heutzutage sind die kulinarischen Kulturen der Welt vermischt, in der Art von *Champon* („(geschmorene) Mischung"), ein Wort selbst von gemischter Etymologie. In Nagasaki ist *Champon* eine Nudelspezialität.

✤ Wörter und Phrasen

- ☐ Umfrage (f) 調査
- ☐ dennoch それでもやはり、にもかかわらず
- ☐ sautiert 炒まる
- ☐ auf einem Bett aus … ～を敷いた上に
- ☐ was … betrifft ～に関しては
- ☐ Kabeljau-Eier (pl) たらこ
- ☐ überholt 時代遅れの
- ☐ Hammel (m) 子羊の肉

20

Ein Gastronomisches Paradies

グルメ天国

　日本はグルメ大国、世界中の料理が食べられる国と評価する外国人が少なくありません。大使館が多い東京・港区における調査によると、21ヵ国の専門料理店があったそうです。

　とはいえ、日本の飲食店のメニューには不思議なものがたくさんあると指摘する外国人もいます。例えば、野菜をケチャップと共に素早く炒めてスパゲッティに混ぜる「ナポリタン」は、本場ナポリの「ナポリターナ」とはまったくの別物です。ごはんにカニのオムレツをのせてとろみをつけたソースをかけた「天津飯」は、中国の天津にはありません。そして、長崎発祥の「トルコライス」があります！　ピラフやスパゲッティと一緒にソースをかけたトンカツを盛った、一風変わった組み合わせです。名古屋発祥の「台湾そば」も台湾にはありません。飲み物でいうと、浅く焙煎（ロースト）した豆を使う「アメリカン」コーヒーは、日本で最初に作られました。

　日本人は、色々な食材をアレンジすることに熱心です。これはカイゼンと呼ばれ、継続的な改良を意味します。例えば、スパゲッティは時として納豆ペーストやたらこと一緒にして供されます。中華料理やタイ料理の濃厚な味わいや辛味を調整する方法として、醤油やみりんと呼ばれる酒の一種を加えることがあります。

　「本場ではこうしている」という言い方は、時代遅れになったのかもしれません。米国で発明された「カリフォルニア・ロール」という寿司は、日本に逆輸入されています。タイでは「日本式餃子」をワサビ醤油で食べるのが一般的になりました。モンゴルで出る「日本のチャーハン」は羊肉が使用されています。世界中の食文化が、今や「ちゃんぽん」のように全てがごちゃ混ぜになってしまいました。「ちゃんぽん」という言葉自体も、ごちゃ混ぜの語源を持ちます。長崎において、「ちゃんぽん」は名物の麺料理です。

あなたはどう思う？

賛成・反対意見のサンプルを参考にして、自分の意見を文章にしてみましょう。

Für 賛成

1. Tokio hat weltweit die meisten mit Michelin-Sternen ausgezeichneten Restaurants.
   東京には、ミシュランの星付きのレストランが世界で最も多くあります。

2. Die ständige Überarbeitung der Speisen macht die Mahlzeiten im Restaurant interessanter.
   料理が絶え間なく改良されつづけていくので、外食はいっそう興味をそそるものとなっています。

3. Die Zunahme ausländischer Touristen wird zu kreativeren Gerichten führen.
   外国人観光客の増加により、ますます多くの創作料理がもたらされるでしょう。

4. Es lohnt sich, hart zu arbeiten, um köstliche Gerichte zu genießen.
   一生懸命働いたご褒美の一つに、おいしい食べ物を楽しむことがあります。

Wider 反対

1. Ausländische Touristen sind oft verwirrt von der Metamorphose ihrer lokalen Küche.
   外国人観光客は、自分たちの地元の料理が作り変えられてしまった姿に、当惑することがしばしばあります。

2. „Japanisiertes" ausländisches Essen ist nicht so gut wie authentisches ausländisches Essen.
   日本風の外国料理は、本場の外国料理ほどおいしくありません。

3. Es kann schwierig sein, außerhalb Tokios authentische ausländische Küche zu finden.
   東京以外では、本場の外国料理を見つけるのは困難かもしれません。

4. Köstliche Küche ist oft teuer.
   おいしい食べ物は高価なことが多いです。

4

Kulturelles
交流

21 ▷ *Sumimasen*

Um das japanische Schriftsystem zu beherrschen und sogar um auf Japanisch ein alltägliches Gespräch führen zu können, muss man sich viel Zeit nehmen und Mühe geben. Aber auch wenn bei einem gelegentlichen Besuch in Japan so etwas unmöglich ist, kann man jedoch einen sehr nützlichen Ausdruck lernen: *Sumimasen.*

Sumimasen bedeutet wörtlich „es ist nicht vorbei", aber in seiner Funktion bedeutet das Wort „Entschuldigung" oder „es tut mir leid". Es wird verwendet, wenn man versehentlich gegen jemanden stößt oder jemanden versehentlich stört. Es drückt ein Gefühl der Schuld aus, sodass es benutzt werden kann, um sich für das Erzählen eines gescheiterten Witzes zu entschuldigen oder um sich bei jemandem zu bedanken, der einem hilfreich gewesen ist. Wenn zum Beispiel eine Person eine Aufzugstür aufhält, lautet die typische Antwort *sumimasen.*

Besonders wenn man mit diesem Wort den Kopf neigt, wird man für jemanden gehalten, der die japanische Kultur versteht, und dabei einen positiven Eindruck hinterlassen, denn für Japaner ist der Begriff Dankbarkeit besonders wichtig.

Grüße wie *konnichi wa* (Guten Tag), *arigatō* (Danke) und *sayōnara* (Auf Wiedersehen) sind zu bekannten japanischen Ausdrücken geworden. Das Hinzufügen des einfachen *Sumimasen*-Satzes zur Liste wird sich wohl lohnen.

✤ Wörter und Phrasen

- ☐ nützlich　便利な、使えそうな
- ☐ versehentlich　うっかり、不注意で
- ☐ stoßen　ぶつける
- ☐ scheitern　失敗する、しくじる
- ☐ halten für ...　…と見なす
- ☐ Dankbarkeit (f)　感謝
- ☐ Liste (f)　リスト、表

21

Sumimasen

「すみません」

　日本語の読み書きをマスターして、日常会話ができるまでになるには、膨大な時間と努力を要します。でも、たまにしか日本を訪れない人がそこまでできない場合でも、知っておくと便利な言葉があります。それは「すみません」です。

　「すみません」は、文字通りには「まだ済んでいない」という意味ですが、実際に使う場合は「ごめんなさい」や「残念です」の意味になります。うっかり誰かにぶつかったときや、誰かに迷惑をかけたときに使います。自らの発したジョークがすべったときや、助けてくれた人に感謝したいときなどでも用いる言葉で、「罪禍／責任」の気持ちを表します。例えば、ドアを開けて押さえてくれている人に対して言う典型的な言葉が「すみません」です。

　「すみません」と言いながら頭を下げると、日本の文化を理解しているとみなされ、相手に好印象を与えるでしょう。日本人にとって、感謝の意というのは特に大事なものだからです。

　「こんにちは」(Guten Tag)や「ありがとう」(Danke)、「さようなら」(Auf Wiedersehen)という日本語は、外国人の間でもよく知られる表現となりました。そこに「すみません」という簡単な言葉を加える甲斐は、十分にあるでしょう。

あなたはどう思う？

賛成・反対意見のサンプルを参考にして、自分の意見を文章にしてみましょう。

Für 賛成

1. Es ist immer gut, höflich zu sein, auch wenn Sie die Sprache nicht sprechen können.
たとえその国の言葉を話せなくても、礼儀正しくすることは良いことです。

2. *Sumimasen* ist für Ausländer einfach auszusprechen.
「すみません」は、外国人にとって発音するのが簡単です。

3. Sprachkenntnisse können sehr nützlich sein, auch wenn es nur um ein paar Worte geht.
ほんの数語であっても、知っているとたいへん役に立つことがあります。

4. Wir sollten alle ein paar grundlegende Sätze lernen, wenn wir reisen.
旅行をするときは、誰でも基本的な決まり文句をいくつか覚えておくべきです。

Wider 反対

1. Die Bedeutung von *Sumimasen* kann sich je nachdem, wie und in welcher Situation es angewendet wird, ändern.
「すみません」のニュアンスは、その言い方とどのような状況で言うかによって変わることがあります。

2. Beim Hören von *Sumimasen* könnten einige Japaner fälschlicherweise annehmen, dass ihr Sprecher gut Japanisch spricht.
「すみません」という言葉を聞くと、実際よりも日本語の能力が高いと思ってしまう日本人もいるでしょう。

3. Es ist viel effizienter ein elektronisches Übersetzungsgerät zu benutzen, statt eine neue Sprache zu lernen.
新しい言葉を学ぶよりも、電子翻訳機を使う方が効率的です。

4. Japanisch lernen ist Zeitverschwendung.
日本語を勉強するのは時間の無駄です。

22 ▷ Aussprache

Die Kritik am Fremdsprachenunterricht in Japan gibt es seit vielen Jahren. Es wird behauptet, der Schwerpunkt liege zu sehr auf dem Wortschatz und der Grammatik und nicht genug auf Hör- und Sprechfähigkeiten, die natürlich notwendig sind, um echte Gespräche zu führen. Nur wenige Japaner können sich in einer anderen Sprache als ihrer eigenen richtig ausdrücken. Wir müssen eine grundlegende Untersuchung der Fremdsprachenpädagogik durchführen.

Die meisten Japaner lernen mindestens sechs Jahre Englisch: drei Jahre in der Mittelschule und drei Jahre in der Oberschule. Diejenigen, die danach ein Studium unternehmen, lernen mindestens weitere zwei Jahre lang Englisch und mindestens noch ein weiteres Jahr lang eine andere Fremdsprache, nicht selten Deutsch.

Einer der Gründe, auf die sich die Japaner für ihr mangelndes sprachliches Vertrauen berufen, ist die Aussprache. Im Japanischen gibt es zum Beispiel keinen l-Laut, und r-Laut wird verwendet, wenn Fremdwörter mit l-Laut geliehen werden. So könnte zum Beispiel „er liest die Bibel" zu *„eru riest die biberu"* werden.

Wir müssen daher mehr auf die Beherrschung der Lautsysteme der verschiedenen untersuchten Fremdsprachen achten. Alles ist eine Frage der Praxis. (Wir hoffen, dass dieses Buch in jener Leistung hilfreich sein wird!)

❖ Wörter und Phrasen

☐ sich ausdrücken 自分の考えを表現する、述べる

☐ sich auf et⁴ berufen …を理由に挙げる

☐ grundlegend 根本的、基本的

☐ Beherrschung (f) 熟達、支配

☐ mangelnd 不足している

☐ Lautsystem (n) 音韻組織

☐ achten 気づく、重んずる

22 発音

　日本の外国語教育は、ずいぶん前から批判されています。単語や文法に比重を置きすぎて、実際の会話をするために当然必要な、聞いたり話したりする能力が不足しているのです。外国語を母国語のように用いて、言いたいことを表現できる日本人は、ほんのわずかです。外国語教育を根本から見直す必要があります。

　ほとんどの日本人は、中学校3年間と高校3年間で少なくとも6年間、英語を学びます。その後、大学に進む人は、少なくともさらに2年間は英語を、そして少なくとも1年間は第二外国語を学びます。ドイツ語を選ぶ人も少なくありません。

　日本人が外国語に自信を持てない理由の一つとして、発音が挙げられます。例えば日本語には「L」の発音がなく、「L」を含む外来語であっても「R」の発音になります。したがって、「聖書を読む（Er liest die Bibel）」も「エル　リーストディ　ビーベル」となります。

　したがって、日本人はさまざまな外国語における音の構造を習得することに、より重点を置く必要があります。何事も実践です（本書が役に立つことを願っています！）。

あなたはどう思う？

賛成・反対意見のサンプルを参考にして、自分の意見を文章にしてみましょう。

Für 賛成

1. Muttersprachler sind es gewohnt, unterschiedliche Akzente und Ausprachevariationen zu hören.
ネイティブスピーカーはいろいろななまりや発音を聞くことに慣れています。

2. Pädagogen versuchen immer, ihre Unterrichtsmethoden zu verbessern.
教育者は常に指導方法の改善に努めています。

3. In Japan sind viele Menschen bestrebt, Fremdsprachen zu sprechen.
日本では、多くの人が外国語を話せるように努力しています。

4. Tägliches Sprechen schafft Vertrauen.
毎日話すことで、自信が培われていきます。

Wider 反対

1. Es ist schwierig, eine Gelegenheit zu finden, eine Fremdsprache zu üben.
外国語を実際に練習する機会を見つけることは困難です。

2. Wenn Schüler nicht leicht kommunizieren können, verlieren sie noch mehr Selbstvertrauen.
容易にコミュニケーションができないと、生徒は自信を失います。

3. Japaner hören im Alltag selten Fremdsprachen.
日本人が日常生活で外国語を聞くことはめったにありません。

4. Außerhalb der Großstädte besteht weder die Notwendigkeit noch die Möglichkeit, Fremdsprachen zu sprechen.
大都市以外では、外国語を話す必要性も機会もありません。

23 ▷ Zu Hause

In Europa und Amerika ist es üblich, Freunde zu sich nach Hause einzuladen, aber dies ist in Japan nicht die allgemeine Sitte. Das bedeutet nicht, dass die Japaner nicht den Wunsch haben, gastfreundlich zu sein. Es ist eher so, dass das japanische Haus und der japanische Garten im Durchschnitt extrem klein sind.

Seit einiger Zeit wohnen jedoch immer mehr Besucher Japans in Gastfamilien. Es sind oft Ehepaare mittleren Alters oder älter, deren Kinder schon erwachsen sind. Es ist nicht so, dass das Haus oder der Garten in Japan größer geworden sind, sondern dass die Kinder das Familiennest verlassen haben. Da ihre Zimmer leer sind, gibt es mehr Raum und weniger Hausarbeit.

Diese Ehepaare sind oft Hochschulabsolventen oder Leute mit Berufserfahrung im Ausland. Besonders wenn sie bereits wesentliche Erfahrungen mit Nicht-Japanern gemacht haben, interessieren sie sich für weiteren Kontakt mit ihnen. Es gibt auch Japaner, die oft ins Ausland reisen und so in die Lage versetzt werden, anregende Gespräche zu führen und eine abwechslungsreiche Küche zuzubereiten. Vor allem wären sie ideale Reiseleiter.

Wenn ausländische Touristen jedoch genauso behandelt würden wie in ihrem Herkunftsland, gehen der Grund und der Zweck ihres Besuchs in Japan verloren. Das Erlebnis in einer Gastfamilie lohnt sich erst, wenn man verschiedene japanische Bräuche entdeckt und mitmacht: Schuhe ausziehen, im Badezimmer sich außerhalb der Badewanne waschen, Nachbarn begrüßen. Die ausländischen Touristen wollen den Alltag der Japaner erleben, und vor allem daran teilnehmen, was Japaner für selbstverständlich halten.

✤ Wörter und Phrasen

☐ gastfreundlich sein　もてなす

☐ eher　むしろ、かえって

☐ leer　空いた

☐ j⁴ in die Lage versetzen　余儀なく される

☐ abwechslungsreich　多彩な

☐ Bräuche (pl)　風習

☐ für selbstverständlich halten
　　当たり前のことと思う

23 家庭

　欧米では、友人を家に招くのはよくあることですが、日本ではこうしたことが一般的ではありません。それは人をもてなしたいと思わないからではありません。むしろ、日本の家や庭が平均的にきわめて狭いからなのです。

　しかし近年は、外国人をホームステイで受け入れる家庭も増えています。その多くが、子どもたちが成長した中高年の夫婦です。家や庭が広くなったわけではなく、子どもたちが巣立って部屋が空き、空間に余裕が生まれ、家事の負担も減ったからです。

　このような夫婦はしばしば、大学卒であったり海外勤務経験者であったりします。そのため、外国人とコミュニケーションを深めることに積極的になりたいのです。海外によく出かけていて、刺激に満ちた会話やバラエティーに富んだ料理でもてなすことができる日本人もいます。こうした人たちは、何よりも、最高のツアーガイドにもなってくれるはずです。

　でも、何もかも自国にいるようにもてなされたのでは、日本に来た意味がなくなります。日本人の習慣を学び、自身もそのように行動してみることで初めて、ホームステイでの体験が意味を持つのです。例えば、家に入るときは靴を脱ぐ、湯船の外で体を洗う、近所の人に会ったら挨拶するなどです。外国からの観光客は、日常の日本の生活、とくに日本人が当然と思っているようなことを経験したいのです。

あなたはどう思う?

賛成・反対意見のサンプルを参考にして、自分の意見を文章にしてみましょう。

Für 賛成

1. Es ist einfacher als zuvor, eine Gastfamilie im Ausland zu finden.
海外のホームステイ先を見つけるのは、以前よりもたやすくなりました。

2. Gastfamilien sind eine großartige Gelegenheit, eine andere Kultur zu entdecken.
ホームステイは異文化を体験するのにとても良い方法です。

3. Gastfamilienunterkünfte sind gemütlicher als Hotelzimmer.
ホームステイはホテルに滞在するよりも居心地が良いです。

4. Man kann eine intimere Spracherfahrung in einer Gastfamilie machen.
ホームステイを通じてより自然な言葉を学ぶことができます。

Wider 反対

1. Ausländische Besucher in Gastfamilien können hohe Erwartungen haben.
外国からの訪問客は、自分の宿泊先に大きな期待を抱いていることがあります。

2. Die Aufnahme ausländischer Besucher kann zu einer Stressquelle für Familien werden, die keine Fremdsprache sprechen.
外国からの訪問客を受け入れることは、外国語を話さない家族にとって、ストレスを引き起こしかねません。

3. Es kann mühsam sein, Gäste für längere Zeit zu empfangen.
来客を長期間もてなすことにうんざりする可能性があります。

4. Kulturelle Missverständnisse erzeugen Probleme.
文化面での誤解が、問題を引き起こす可能性があります。

24 ▷ Matsuri

Traditionelle *Matsuri* (Feste) finden in ganz Japan statt, hauptsächlich im Frühjahr, um für eine reiche Ernte zu beten und im Herbst, um sich für gute Ernten zu bedanken. Im Nordosten und in anderen Regionen finden die Feste jedoch hauptsächlich im Sommer statt. Zum Beispiel das Kyōto Gion Festival und das Feuerfestival Daimonji. Es werden Gebete für den Schutz vor Insekten- und Krankheitsschäden gesprochen. Darüber hinaus hat jede Region ihr eigenes Feuerwerk und ihren eigenen Bonfesttanz.

Die *Matsuri* sind im Wesentlichen heilige Feste, an denen die örtliche *Shintō*-Schrein-Gemeinde und die breite Öffentlichkeit eine Hauptrolle spielen. Alles ist sehr formell und es gibt strenge Verfahrensregeln. Die Bewohner tragen ein Heiligtum, ein *Mikoshi*, auf ihren Schultern. In den letzten Jahren und mit dem Rückgang der japanischen Bevölkerung, gibt es jedoch nicht genügend Einheimische, um diese Aufgabe zu erfüllen. Daher ist es zunehmend üblich, Teilnehmer aus anderen Regionen einzuladen. Einige ermutigen sogar gelegentlich die Zuschauer zur Teilnahme, auch ausländische Besucher, die nur als Zuschauer gekommen sind.

Einheimische können den Besuchern einen *Happi* (einen kurzen Festmantel), einen *Yukata* (einen lässigen Sommer*kimono*) oder ein Stirnband leihen. Außerdem bringen sie ihnen traditionelle Tänze und das Schlagen von Trommeln bei und bieten mit Sicherheit auch zeremoniellen *Saké* an. Man sollte also nicht schüchtern sein und im Gegenteil sich der Menge anschließen und das Festival genießen.

In der Nähe des Schreines und an offenen Plätzen findet man eine Reihe von *Yatai*, offizielle Imbißstände, an denen man Essen, Spielzeuge und Spiele kaufen kann. Videos der bekanntesten Festivals findet man auf YouTube und anderen Kanälen. Man sollte sich über interessante Sehenswürdigkeiten im Voraus gut informieren, um nichts zu verpassen.

✛ Wörter und Phrasen

☐ reich　豊富な

☐ Insekten- und Krankheitsschäden (pl)　病虫害

☐ im Wesentlichen　本質的に

☐ heilig　神聖な

☐ Verfahren (m)　手順

☐ Rückgang (m)　衰退、後戻り

☐ ermutigen　勧める、奨励する

☐ sich anschließen　仲間になる

24 ▷ 祭り

Matsuri

　伝統的な祭りは日本各地で開かれており、主に豊作を祈る春と豊作に感謝の意を表す秋に行われます。しかし、東北や他の地域では、夏場に大きな祭りが集中しています。京都の祇園祭（ぎおんまつり）や大文字（だいもんじ）の送り火が、その例です。疫病や病虫害から身を守るための祈りを捧げるのです。また、夏場には各地での花火大会や盆踊りがあります。

　祭りは本来神聖なもので、地域の神社の氏子や地域住民がどちらも主な役割を担います。全てのことはとても形式的に進められ、手順についての厳しい規則がすでに決まっています。地域の人は、みこしと呼ばれる、持ち運べる神殿を肩に担ぎます。しかし近年では、人口減少のため、みこしを担ぐのに地域の人たちだけでは足りません。そんなことから、他の地域からの参加者を歓迎するところも増えています。見物に来た人や外国人にさえも、その場で参加をすすめることがあります。

　人々は、祭りの気分を盛り上げる法被（はっぴ）（祭り用の短いローブ）や浴衣（ゆかた）（略式の夏用着物）、はちまきを貸してくれることでしょう。さらに、踊りや太鼓の叩き方を教えてくれて、お祝いの日本酒も飲ませてくれること請け合いです。ですから、恥ずかしがらずに仲間に入って、祭りを楽しんでください。

　神社の参道や広場には、屋台が並びます。これらは食べ物やおもちゃやゲームを買うことができる、公認された店です。日本の有名な祭りは、YouTubeなどのサイトで見ることができます。楽しむポイントを見逃さないように、事前に情報収集してください。

賛成・反対意見のサンプルを参考にして、自分の意見を文章にしてみましょう。

Für 賛成

1. *Matsuri* sind eine gute Gelegenheit, das ländliche Japan zu entdecken.
   祭りは日本の田舎を体験するとても良い方法です。

2. Bei einem *Matsuri* gibt es immer gutes Essen.
   祭りには必ずおいしい食べ物があります。

3. Das Tragen eines *Mikoshi* ist ein einmaliges touristisches Erlebnis.
   みこしを担ぐのは、観光客にとって一生に一度の体験です。

4. Für Fotografen bieten *Matsuri* viele Möglichkeiten für interessante Fotos.
   写真家にとって、祭りは面白い写真を撮ることのできる多くのチャンスを提供してくれます。

Wider 反対

1. Es gibt Touristen, die zu schüchtern sind, um an den Feierlichkeiten teilzunehmen.
   観光客の中には臆病すぎて祭りに参加できない人もいます。

2. Es gibt zu viele Menschen bei *Matsuri*.
   祭りは、あまりにも混雑しています。

3. *Matsuri*-Kinderspiele sind nicht so gut wie vor 30 Jahren.
   祭りでの子ども向けの遊戯は、30年前ほど良いものではありません。

4. *Matsuri* könnten zum Ziel eines Terroranschlags werden.
   祭りはテロ攻撃の格好の標的になりかねません。

5

Einkaufen

買い物

25 ▷ Reduzierte Preise

Touristen sind beim Einkaufen im Ausland zum Teil über das Fehlen von Preisschildern erstaunt, zum anderen auch überrascht, wenn sie erfahren, wie hoch die Preise sind. Die Menschen vor Ort wissen, dass sie zuerst verhandeln müssen. Nach vielem Feilschen kommt man zur Einigung.

Es kann sein, dass das Verhandeln eines der Vergnügen des Einkaufens ist: Auch wenn Käufer nur von einem kleinen Rabatt profitieren, können sie sich zufrieden heißen. Japan wendet jedoch im Allgemeinen ein Festpreissystem an. Das heißt, der Betrag auf dem Etikett ist das, was man bezahlt, mit dem entsprechenden, von Anfang an feststehenden Gewinn für den Verkäufer. Der Grund dafür ist, dass es ungerecht wäre, wenn man nur den Preis nur für bestimmte Kunden senken würde. Insbesondere wird ein strenges „Festpreissystem" in großen Kaufhäusern und Franchisegeschäften eingehalten.

Wenn man nach einem Preisnachlass fragt, als ob man in seinem Heimatland einkaufen würde, wird man im Allgemeinen keinen Erfolg haben. Nichtsdestotrotz kann die Situation in kleineren Geschäften etwas anders sein. Es ist möglich, dass der Eigentümer, wenn er feststellt, dass der Kunde Ausländer ist, beschließt, einen großzügigen Service anzubieten, um einen günstigen Eindruck von Japan zu vermitteln.

Der Händler schlägt möglicherweise vor: „Wenn Sie alle diese Artikel zusammen kaufen, ziehe ich vom Gesamtbetrag etwas ab, oder ich gebe Ihnen noch eine Kleinigkeit dazu." Man sollte seine Erwartungen jedoch nicht zu hoch setzen.

❖ Wörter und Phrasen

☐ verhandeln　掛け合う、交渉する

☐ zur Einigung kommen　合意に至る

☐ Festpreissystem (n)　定価制度、定価販売

☐ das heißt (d.h.)　つまり

☐ Preisnachlass (m)　値引き

☐ nichtsdestotrotz　それにもかかわらず

☐ großzügig　寛大に、惜しまず

25

Reduzierte Preise

値引き

　観光客が海外で買い物をするとき、ときどき商品に値札がついていなかったり、とても高く値付けされていたりして、驚くことがあります。現地の人たちは、こうした場合、まずは価格交渉をしなければならないことを知っています。何度もかけ引きをした結果、交渉が成立するのです。

　おそらく、この値引き交渉は買い物の楽しみの一つなのかもしれません。たとえ値引きしてもらえる金額がわずかであっても、買い手は満足するのです。でも、日本では基本的に「定価制度」を用いています。つまり値札についた価格を支払うということです。最初から適正利潤を設定して価格を決めています。一部の客だけに値引きするのは公平ではないというのが、その背後にある論理です。とくに大手のデパートやフランチャイズチェーンの店では、厳格に「定価制度」を守っています。

　自国での買い物と同じつもりで値引きを求めても、一般的には成功しないでしょう。とはいうものの、個人商店では事情が少し違うかもしれません。買い手が外国人だとわかると、太っ腹なサービスを提供しようとする店員もいるかもしれません。日本に好印象を持ってほしいのです。

　店主は「これらをまとめて買ってくれるなら安くするよ」と言うかもしれません。あるいは、別の安価な品物をおまけとしてくれるかもしれません。でも、あまり期待しない方がよいでしょう。

あなたはどう思う？

賛成・反対意見のサンプルを参考にして、自分の意見を文章にしてみましょう。

Für 賛 成

1. Das Festpreissystem bedeutet, dass jeder den gleichen Preis zahlt.

定価販売とは、誰でも同じ価格で買うということです。

2. Das Festpreissystem ist besser, weil Verhandlungen langwierig sein können.

値引き交渉は長引くことがあるので、定価販売の方が優れています。

3. Das Festpreissystem und keine Trinkgelder machen in Japan das Leben für Touristen einfacher.

定価販売とチップ不要の方式により、日本は観光客が旅行しやすい国となっています。

4. Verhandlungen können ein guter Ausgangspunkt für Gespräche sein.

値引き交渉は、会話の良い糸口になるかもしれません。

Wider 反 対

1. Kunden, die häufig in großen Mengen kaufen möchten, können keinen Rabatt erhalten.

大量に買いたい顧客は多くの場合値引きを受けられません。

2. Das Handeln kann Kunden dazu ermutigen, zu viel auszugeben.

値引き交渉は、客によけいに買ってもらうための誘因となる可能性があります。

3. Japaner können nicht gut verhandeln.

日本人は値引き交渉が上手ではありません。

4. Verhandlungen würden unsere Wirtschaft beleben.

値引き交渉は我が国の経済を活気づけるかも知れません。

26 ▶ Akihabara

Akihabara im Zentrum von Tokio ist seit langem bei Ausländern beliebt. Ursprünglich war der Stadtteil bekannt für seine preiswerten Elektrogeräte, Computer und elektronischen Komponenten. Jetzt stehen japanische Produkte jedoch unter dem Druck asiatischer Wettbewerber. In den letzten Jahren wurden die Gebäude rund um den Bahnhof renoviert und die Nachbarschaft ist immer noch sehr belebt. Warum?

Der Grund dafür ist, dass die gesamte Region sehr schnell auf Veränderungen reagiert. Die sich ändernden Interessen und Geschmacksrichtungen von Ausländern sind nicht das Problem. Ihre Ziele sind ein Maid Café, ein Spielzentrum oder Animate zu besuchen. Vielleicht suchen sie etwas, was sie im Internet gesehen haben, und wollen es ausprobieren. Hinzu kommt die Tatsache, dass es keinen Ort gibt, an dem mehr Bücher, Figuren, Abzeichen und andere Waren erhältlich sind. Es gibt viele Cybercafés und kostenlose WLAN-Zugangspunkte. All dies ist in einem modernen Tourismusgebiet unverzichtbar.

In Akihabara kann man alles kaufen, von den neuesten Spielekonsolen bis zu gebrauchten Spielen, die wir in unserer

Kindheit so sehr liebten. Das Mitbringsel, das man mit nach Hause nimmt, kann Freunde nur neidisch machen!

Es wird behauptet, dass das, was jetzt in Akihabara passiert, ein Hinweis auf den zukünftigen Kurs Japans sei. Das heißt, Japan ist möglicherweise nicht in der Lage, die Welt als materielle und wirtschaftliche Kraft zu führen, sondern strebt vielmehr an, weltweit führend bei Erholungs- und Entspannungstechnologien zu werden.

❖ Wörter und Phrasen

☐ Elektrogerät (n)　電気機器

☐ Komponente (f)　部品

☐ belebt　賑やかな、活気のある

☐ Figur (f)　フィギュア

☐ erhältlich　手に入る

☐ Hinweis (m)　示唆

☐ anstreben　目指す

☐ führend　主導的

26 Akihabara
秋葉原

　東京の中心部にある秋葉原は、昔からずっと外国人に人気があります。かつては安い電気製品やコンピューターや電子部品を手に入れられることで有名でした。しかし、今では日本製品はアジア諸国からの製品に押されているのが現実です。それでも、駅周辺のビル群がこの数年で改修されるなど、依然として秋葉原が賑わっているのはなぜなのでしょうか?

　その理由は、町全体が変化に非常に敏感に対応しているからです。ここに来る外国人の関心や好みがどのように変わっても問題ありません。秋葉原を訪れる目的は、メイドカフェやゲームセンター、アニメイトなどかもしれません。ネットで見たものを実際に手に取ってみるためかもしれません。加えて、本、フィギュア、バッジ、他のグッズがここほど豊富にそろっているところはないのです。ネットカフェや無料Wi-Fiのホットスポットもたくさんあります。これら全てが、現代の観光地に必須のものです。

　秋葉原では、最新のゲーム機から、幼かった頃に熱中したゲームの中古品まで、何でも入手できます。お土産に買って帰れば、友人たちをうらやましがらせることができるでしょう。

　現在の秋葉原の賑わいは、日本の将来の進路を示しているという人もいます。つまり、日本はハードウェアや経済力で世界をリードすることはもはやできないかもしれませんが、娯楽や癒しで世界をリードすることを目標にすべきなのです。

あなたはどう思う？

賛成・反対意見のサンプルを参考にして、自分の意見を文章にしてみましょう。

Für 賛成

1. Akihabaras Fähigkeit, sich im Laufe der Zeit zu ändern, ist die größte Stärke des Stadtteils.
   時代に合わせて変化する能力が、秋葉原の最大の強みです。

2. Das Akihabara-Entwicklungsmodell sollte in anderen Teilen Japans getestet werden.
   秋葉原の開発モデルは、日本のほかの地域でも試みられるべきです。

3. Akihabara bietet viele Tipps für die Gründung neuer Unternehmen.
   秋葉原には新規ビジネスのヒントがたくさんあります。

4. Akihabara ist ein Paradies für ausländische Touristen.
   秋葉原は外国人観光客にとって天国です。

Wider 反対

1. Das Ändern des Bildes von Akihabara verringert seinen historischen Wert.
   秋葉原のイメージが変わることで、その歴史的価値が減少します。

2. Keine andere Stadt kann Akihabara nachahmen.
   秋葉原の真似ができる都市は他にありません。

3. Änderungen sind nicht immer gut.
   変化は必ずしも良いものではありません。

4. Akihabara ist zu voll für angenehme Einkäufe.
   秋葉原は混雑しすぎていて、買い物を楽しめません。

27 Kreditkarten

Im Jahr 2011 führte die Japanische Tourismusbehörde (*Kankōchō*) eine Umfrage unter ausländischen Touristen durch. Es werden die Hauptprobleme genannt, die auf ihren Reisen nach Japan aufgetreten sind: Fast 37% gaben an, der kostenlose WiFi-Service sei unzureichend; 24% sagten, sie könnten nicht mit den Einheimischen kommunizieren; 20% gaben an, dass es schwierig sei, Informationen über öffentliche Verkehrsmittel zu erhalten; 16% sagten, sie konnten weder Geld umtauschen noch Kreditkarten verwenden.

Wenn man Yen in Bargeld benötigt, sollte man sich zunächst vergewissern, dass die Kreditkarte das Plus oder Cirrus-Logo auf der Rückseite hat. Das ist das Kennzeichen einer internationalen Karte. Dann sucht man den nächsten Mini-Markt wie etwa 7-Eleven oder eine Post mit einem Geldautomaten.

7-Eleven hat einen Geldautomaten namens 7-Bank, der zehn Arten von Kreditkarten akzeptiert. Ein schriftlicher Leitfaden ist in zwölf Sprachen erhältlich. Die Sprachführung erfolgt in vier Sprachen: Englisch, Koreanisch, Chinesisch und Portugiesisch. Die Geldautomaten der 7-Bank befinden sich auch an verschiedenen Standorten, einschließlich

Flughäfen und Bahnhöfen. Sie sind in der Regel rund um die Uhr verfügbar. Das Limit für jede Auszahlung hängt vom Kreditkartenunternehmen ab: Es liegt zwischen 30.000 und 100.000 Yen.

Die Japanische Post Bank akzeptierte ausländische Karten früher als die Convenience-Store-Terminals oder ATMs. Sie können 9 Arten von Karten verwenden. Sogar in einem ziemlich kleinen Dorf im ganzen Land. Es ist praktisch, weil es einen Geldautomaten gibt. Trotz der Tatsache, dass es so viele Dienste gibt, hat es nicht den Punkt erreicht, an dem Informationen ordnungsgemäß verbreitet werden z.B. Anleitungen in einer Fremdsprache. Weitere Anstrengungen sind erforderlich, um diese bereitzustellen.

✢ Wörter und Phrasen

- ☐ Japanische Tourismusbehörde (f) 観光庁
- ☐ unzureichend 不十分な
- ☐ Einheimische (pl) 地元の人たち
- ☐ sich et² vergewissern 確かめる

- ☐ einschließlich を含めて
- ☐ in der Regel 原則として
- ☐ rund um die Uhr 24時間、昼夜の境なく
- ☐ Auszahlung (f) 引き出し

27 Kreditkarten
クレジットカード

　2011年、観光庁は外国人観光客を対象とした調査を実施しました。日本での旅行中に直面した主な問題点についての調査です。「無料Wi-Fiサービスが不十分」（37%）、「地域の人とコミュニケーションできない」（24%）、「公共交通情報の入手が困難」（20%）、「通貨両替やクレジットカードが利用できない」（16%）という回答でした。

　日本円のキャッシュが必要になったときは、まずクレジットカードの裏面にPlusやCirrusのマークがあることを確かめてください。これは、グローバル対応のカードであることを示しています。次に、最寄りのセブンイレブンのようなコンビニか、ATMを備えた郵便局を探してください。

　セブンイレブンにはセブン銀行のATMがあり、10種類のクレジットカードが利用できます。使い方のガイダンスは、12ヵ国語で書かれたものが利用できます。音声ガイダンスは、英語・韓国語・中国語・ポルトガル語の4ヵ国語に対応しています。空港や駅などの店舗にもセブン銀行の端末が置かれています。原則として、24時間利用できます。1回の引き出し限度額は、カード会社にもよりますが、3～10万円です。

　コンビニの端末より早くから外国のカードを受け入れているのが、ゆうちょのATMです。9種類のカードが使えます。かなり小さな村でも全国各地にゆうちょのATMがあるので便利です。しかし、これだけのサービスがあるにもかかわらず、情報を適切に拡散するところまではいっていません。外国語でのガイダンスを提供するためには、さらなる努力が必要です。

あなたはどう思う？

賛成・反対意見のサンプルを参考にして、自分の意見を文章にしてみましょう。

Für 賛成

1. Für Touristen ist der einfache Umgang mit Kreditkarten wichtig.
クレジットカードを簡単に利用できることは、観光客にとって重要です。

2. Japanische Postämter bieten eine Vielzahl von Dienstleistungen an.
日本の郵便局は、様々なサービスを提供しています。

3. Kreditkarten bieten Punkte, die für Hotels und Flugreisen verwendet werden können.
クレジットカードは、ホテルや航空券に使うことのできるポイントを提供しています。

4. Kreditkarten sind heute sicherer als zuvor.
クレジットカードは昨今、以前よりも安全なものになっています。

Wider 反対

1. Japan muss modernisiert werden, um mehr Touristen anzulocken.
日本は、より多くの観光客を引き付けるために、今の時代に合わせて変わる必要があります。

2. Alle Geldautomaten müssen an jedem Tag des Jahres rund um die Uhr geöffnet sein.
全てのATMが24時間365日使えるようにするべきです。

3. Geld ist einfacher zu benutzen als Kreditkarten.
現金の方がクレジットカードよりも使いやすいです。

4. Kleine Geschäfte in Japan akzeptieren keine Kreditkarten.
日本の小さな商店では、クレジットカードが使えません。

28 > Der 100-Yen-Laden

Der 100-Yen-Laden ist ein beliebter Ort für ausländische Touristen. Wer die Kosten seiner Reise senken will, findet dort einzigartige und typische Souvenirs Japans. Der japanische Begriff ist *Hyakuen Shoppu* oder kurz *Hyakkin*. Sie befinden sich in Innenstädten und Einkaufszentren in ganz Japan. Immer mehr Unternehmen eröffnen Niederlassungen im Ausland.

Um Produkte für 100 Yen zu verkaufen, muss man sich auf Entwicklung, Produktion und Vertrieb konzentrieren. Obwohl einige Produkte in Japan hergestellt werden, stammen die meisten aus asiatischen Ländern, in denen die Arbeitskosten niedrig sind. Insofern wäre es irreführend zu sagen, dass Waren vor Ort hergestellt werden. Da sie jedoch für den japanischen Markt bestimmt sind, ist die Qualitätskontrolle gut.

Die Reise-Navigationsseite „RETRIP" sagt: „Sie können alles für 100 Yen kaufen! Ausländer werden es auf jeden Fall zu schätzen wissen! 10 empfohlene japanische Souvenirs" werden vorgestellt. Berühmte japanische Schriftzeichen „Hello Kitty" Waren sind beliebt. Die anderen neun sind Fächer, Fingernägelprodukte und japanische Handtücher,

Matcha-Snacks, Mt. Fuji-Waren, Sushi-Waren (Magnete usw.), Schreibwaren, Teetassen aus Sushi Restaurants und Weihrauch. Ninja-Waren sind auch auf anderen Webseiten beliebt.

Es gibt auch Produkte, die mehr als 100 Yen kosten, zum Beispiel japanische Puppen für 1.000 Yen. Diese Artikel, alle hochwertige Produkte, deren Preis klar angegeben ist, werden an einer separaten Stelle präsentiert, um Missverständnisse zu vermeiden. Besucher, die genug Geld in der Tasche haben, sollten durch jenen Bereich des Ladens bummeln.

✤ Wörter und Phrasen

☐ Veretrieb (m)　物流　　　　☐ vor Ort　現地で

☐ Arbeitskosten (pl)　人件費　　☐ Qualitätskontrolle (f)　品質管理

☐ insofern　その点では　　　　☐ angeben　表示する

☐ irreführend　紛らわしい、間違いやすい　　☐ bummeln　ぶらぶら歩き回る

28

Der 100-Yen-Laden

100円ショップ

100円ショップは、外国人が買い物をするのに人気がある場所です。旅行の費用を節約したい人には、ちょっと珍しい、日本ならではのお土産を見つけることができるからです。日本語では、100円ショップ、あるいは略して100均と言います。このタイプの店は日本全国の繁華街やショッピングモールで見られます。海外に出店している企業もどんどん増えてきています。

100円で販売するために、企業は開発、製造、そして物流でかなり努力しなければなりません。日本製のものもありますが、ほとんどの製品は労働賃金の安いアジア諸国で作られています。この点ではメイド・イン・ジャパンと主張することはできません。しかし、商品は日本市場向けに作られており、品質管理も適切です。

旅行ナビサイト「RETRIP」が、「全部100均で買える！ 外国人に絶対喜ばれる日本のお土産おすすめ10選」*を特集しています。日本の有名なキャラクター「ハローキティ」のグッズが人気です。他の9つは、扇子、ネイル製品、日本手ぬぐい、抹茶スナック、富士山グッズ、お寿司グッズ（マグネットなど）、文房具、寿司屋の湯飲み、お香となっています。他のサイトでは、忍者グッズも人気だとあります。

100円ショップには、100円以上する商品もあります。例えば、1,000円の日本人形などもあります。こうした上質の商品は、値段が明記され、混乱しないよう別の場所に並べられています。現金を十分に持っているならば、ぜひそちらのコーナーものぞいてください。

* https://retrip.jp/articles/33345/

あなたはどう思う?

賛成・反対意見のサンプルを参考にして、自分の意見を文章にしてみましょう。

Für 賛成

1. 100-Yen-Läden sind perfekt für den täglichen Einkauf.
100円ショップは、日常の買い物にもとても役に立ちます。

2. In 100-Yen-Läden hat man das Gefühl, voll auf seine Kosten zu kommen.
100円ショップでは、お金に見合った価値のあるものを手に入れた気分になります。

3. 100-Yen-Läden haben uns das Leben leichter gemacht.
100円ショップのおかげで、私たちの生活は楽になりました。

4. Es ist angenehm, durch einen 100-Yen-Laden zu bummeln.
100円ショップでぶらぶら時間を過ごすのは、楽しいものです。

Wider 反対

1. Manchmal halten die Produkte nicht lange.
商品があまり長持ちしないことが時々あります。

2. Es gibt Produkte, die den Eindruck von geringem Wert erwecken.
商品の中には安物に見えるものもあります。

3. Es gibt zu viele 100-Yen-Läden.
100円ショップの数が多すぎます。

4. Niedrige Preise fördern den überflüssigen Einkauf.
値段が安いので、すぐに買いすぎてしまいます。

6

Verschiedenes

雑学

29 Sport

Wenn wir in Japan an Sport denken, stellen wir uns normalerweise Leistungen vor, die körperliche Bewegung beinhalten und Geschicklichkeit erfordern. Organisationen wie das Internationale Olympische Komitee betrachten Schach, *Igo* und *Shōgi* aber auch als Sport, weil sie eine andere Form der Übung beinhalten, die mentale Fähigkeiten erfordert. Die Anzahl der Personen, die an diesen Aktivitäten beteiligt sind, ist nicht genau bekannt, obwohl es viele vage Zahlen von Quellen unterschiedlicher Zuverlässigkeit gibt.

Es gibt eine Studie, die besagt, dass Schach 700 Millionen Spieler vereint, was die Zahl der geschätzten Basketballspieler von 450 Millionen weit übersteigt. Es folgen Fußball (250 Millionen), Cricket (über 110 Millionen), Tennis (100 Millionen) und Golf (65 Millionen).

In Japan liegt die Rangfolge vom achten bis zum ersten Platz wie folgt: Laufen, Bowling, Schwimmen, Golf, Badminton, Tischtennis, Fußball und Baseball. Die beliebtesten Sportarten sind natürlich Sportarten, die unabhängig von Geschlecht und Alter ausgeübt werden können.

Für die Olympischen und Paralympischen Sommerspiele 2020 in Tokio hat Japan vorgeschlagen, fünf Sportarten zu den offiziellen Wettkämpfen hinzuzufügen: Baseball/Softball, Karate, Skateboard, Sportklettern und Surfen. Diese Sportarten widerspiegeln, was in Japan und bei jungen Menschen auf der ganzen Welt beliebt ist. Die Olympischen Spiele bringen die Elite des Sports zusammen, bieten aber auch die Möglichkeit, verschiedene Sportarten auf der ganzen Welt zu erleben und die Zahl der Menschen zu erhöhen, die sich an ihnen erfreuen.

✤ Wörter und Phrasen

- ☐ Internationale Olympische Komitee　国際オリンピック委員会
- ☐ vage　あやふやな
- ☐ übersteigen　上回る
- ☐ Rangfolge (f)　優先順

- ☐ unabhängig von ...　…のいかんを問わず
- ☐ Geschlecht (n)　性
- ☐ ausüben　行う、実行する
- ☐ zusammenbringen　集める、一緒にする

29 Sport
スポーツ

　日本でスポーツについて考えるとき、普通は体を動かすものや、特定の技能が要求されるものを想像します。しかし国際オリンピック委員会のような組織は、チェス、囲碁、そして将棋などをスポーツとみなしています。これらはメンタルの強さを鍛えるための訓練をするという意味ではスポーツだからです。こうしたスポーツを楽しむ人の正確な数はわかりませんが、信頼度の異なる様々な出典から、多くのあやふやな数値が出ています。

　ある調査では、チェスのプレイヤーは7億人おり、バスケットボールの4億5,000万人を大きく引き離しているとしています。以下、サッカー（2億5,000万人）、クリケット（1億1,000万人以上）、テニス（1億1,000万人）、ゴルフ（6,500万人）と続きます。

　日本国内はどうでしょうか？　1位から8位までの人数別のランキングは、ウォーキング、ボウリング、水泳、ゴルフ、バドミントン、卓球、サッカー、野球の順です。トップに入るこうしたスポーツは明らかに、性別や年齢に関係なく楽しめるものです。

　2020年*東京で開催される夏季オリンピック・パラリンピックでは、正式種目として5つの競技が追加されました。それらは野球／ソフトボール、空手、スケートボード、スポーツクライミング、そしてサーフィンです。日本で人気があり、世界中の若者からも人気を博しているスポーツを反映したものです。世界のスポーツエリートが集うのがオリンピックですが、世界の色々なスポーツに人々が触れる機会でもあります。そして、このようにして、それらを楽しむ人々が増えるかもしれないのです。

* 2021年に延期、開催予定（2021年5月現在）。

賛成・反対意見のサンプルを参考にして、自
分の意見を文章にしてみましょう。

Für 賛 成

1. Sportarten, die auf geistige Fähigkeiten ausgerichtet sind,
sollten bei den Olympischen Spielen berücksichtigt werden.
知的技能に重点を置くスポーツも、オリンピック種目に含まれるべきです。

2. Die Olympischen Spiele geben uns die Gelegenheit, einen Blick
auf viele neue Sporthelden zu werfen.
オリンピックは、数多くの新しいスポーツヒーローを目撃する機会を、私たちに与え
てくれます。

3. Die Olympischen Spiele sollten mehr Sport in Mode beinhalten.
オリンピックは流行のスポーツをもっと取り入れるべきです。

4. Wenn das *Shōgi* bei den Olympischen Spielen dabei wäre, wäre
Japan eine Goldmedaille garantiert.
もし将棋がオリンピック種目になれば、日本は必ず金メダルを取るでしょう。

Wider 反 対

1. Brettspiele sollten nicht als Sport betrachtet werden.
ボードゲームは、スポーツと見なされるべきではありません。

2. Es ist überraschend, dass mehr Menschen Schach spielen als
Basketball.
バスケットボールよりもチェスをプレーする人が多いのは驚きです。

3. Einige neue Sportarten sind nicht sehr interessant anzusehen.
新しいスポーツの中には、見ていてもそれほど面白くないものがあります。

4. Weniger populäre sollten nicht in internationale
Veranstaltungen miteinbezogen werden.
マイナーなスポーツは、国際イベントで行われるべきではありません。

30 Hello Kitty

Im Charakter-business erzielt man kommerziellen Vorteil aus der Popularität eines Hauptcharakters in einem Film oder einer Geschichte für Kinder, indem Produkte geschaffen werden, die Mehrwert erzeugen. Man denke an Mickey Mouse, Snoopy oder Star Wars. In Japan gibt es *Doraemon*, *Anpanman* und *Kitty-Chan*, letztere auch als Hello Kitty bekannt.

Wir neigen dazu, uns Hello Kitty ausschließlich als ein Spielzeug für junge Mädchen vorzustellen. Tatsächlich spricht es jedoch Menschen jeden Alters und mit unterschiedlichen Hintergründen an. Auch berühmte ausländische weibliche Stars wie Lady Gaga und Mariah Carey sind von Hello Kitty begeistert. Außerdem hat Hello Kitty kein festes Profil. Die Marke deckt eine breite Palette von Lebensmitteln, Kleidung und Schmuckstücken bis hin zu Souvenirs aus verschiedenen Regionen ab.

Hello Kitty ist eine weiße Katze mit einem roten Band am linken Ohr. Das Design des 1974 von Sanrio entworfenen Figur hat sich in seiner über 40-jährigen Karriere allmählich weiterentwickelt. Derzeit werden jährlich 50.000 Markenprodukte in 70 Ländern hergestellt. Es wird berichtet, dass weltweit 4.000 Unternehmen Lizenzvereinbarungen unterzeichnet haben und einen Umsatz von 400 Milliarden Yen erzielen.

Es gibt auch weitere Figuren wie Kittys Familie und deren Freunde. Vater George arbeitet für eine Handelsfirma. Mary, Kittys Mutter, ist eine ehemalige Pianistin. Mimi mit dem gelben Band ist ihre Zwillingsschwester und ihr Freund heißt Daniel Star. Wenn man alle Mitglieder ihrer Familie und ihre Freunde hinzufügt, erkennt man erst, dass die Welt von Kitty riesig ist, nicht wahr?

❖ Wörter und Phrasen

- [ ] kommerzieller Vorteil　商業上の利点
- [ ] Mehrwert (m)　付加価値
- [ ] ausschließlich　もっぱら、唯一の
- [ ] begeistert　熱狂した、感激した
- [ ] festes Profil　人物像
- [ ] Schmuckstück (n)　アクセサリー
- [ ] Lizenzvereinbarung (f)　契約
- [ ] erzielen　獲得する

ハローキティ

　映画や童話で人気の主人公（キャラクター）を商品にあしらって付加価値をつけ、商業上の利益を得るのがキャラクターマーチャンダイジングです。例えば、ミッキーマウス、スヌーピー、スター・ウォーズのことです。日本にも、ドラえもん、アンパンマン、そして「ハローキティ」として知られるキティちゃんがいます。

　ハローキティは、若い女の子向け玩具だと思われがちです。しかし実際には、ハローキティはあらゆる年齢層や多様なバックグラウンドを持つ人たちにアピールしているのです。レディー・ガガやマライア・キャリーといった有名な外国の女性スターも、ハローキティの熱狂的なファンです。また、ハローキティは固定したプロフィールを持っていません。ハローキティのブランド商品は、食品、衣類、アクセサリーから各地のお土産物まで幅広くカバーしています。

　ハローキティは赤いリボンを左耳につけた白い猫です。1974年にサンリオが作ったこのキャラクターは、40年以上の歴史の中で少しずつデザインが変化してきました。現在、世界70ヵ国で展開され、ハローキティのブランドは年間5万種の商品を生み出しています。ライセンス契約している企業は世界に約4,000社あると言われ、売り上げ規模も4,000億円にのぼります。

　キティには家族や友達のキャラクターもいます。キティの父、ジョージは商社マンで、母のメアリーは元ピアニストです。黄色いリボンをつけたミミィはキティの双子の妹で、ボーイフレンドの名前はダニエル・スターです。家族や友人をみんな入れると、キティ・ワールドはかなり広いことがわかりますね。

あなたはどう思う？

賛成・反対意見のサンプルを参考にして、自分の意見を文章にしてみましょう。

Für 賛 成

1. *Manga-* und Anime Figuren wie Hello Kitty bereiten Kindern und Erwachsenen auf der ganzen Welt Freude.

ハローキティのようなキャラクターグッズは、どこでも子どもや大人に喜びをもたらします。

2. Es ist eine Freude, Hello Kitty im Ausland zu sehen.

外国でハローキティを見るのは素敵なことです。

3. Hello Kitty ist eine der beliebtesten Figuren der Welt.

ハローキティは、世界で最も人気のあるキャラクターの一つです。

4. Character-business ist ein wachsender Teil der japanischen Wirtschaft.

キャラクターマーチャンダイジングは、日本経済における成長分野の一つです。

Wider 反 対

1. Es gibt heutzutage zu viele Produkte für Kinder.

近頃は子どもをターゲットにした商品が多すぎます。

2. Kleine Kinder brauchen Figuren, die auch gute Vorbilder sind.

小さな子どもにはいいお手本にもなるようなキャラクターが必要です。

3. Es gibt Figuren, die nur Kopien von anderen, erfolgreichen Figuren sind.

新しいキャラクターの中には、他の成功したキャラクターを模倣しただけのものもあります。

4. Billige Waren mit *Manga-* und Anime Figuren geraten schnell in Vergessenheit.

漫画やアニメをもとに作られた安っぽいキャラクターグッズは、すぐに忘れ去られます。

31 ▷ Die Ehe

Im Jahr 2017 führte das Ministerium für Gesundheit, Arbeit und Soziales eine Volkszählung durch, nach der der Prozentsatz der unverheirateten Personen unter 50 Jahren bei Männern über 23% und 14% bei Frauen betrug. Schätzungen zufolge werden die Zahlen innerhalb von 20 Jahren bei Männern 29% und bei Frauen 19% erreichen. Bis 1980 lagen die Zahlen für Männer und Frauen unter 5%. Es ist daher leicht zu erkennen, dass die Zahl der unverheirateten Japaner stark zugenommen hat. Darüber hinaus hat sich das Durchschnittsalter der Heiratenden bei Männern auf 31 Jahre und bei Frauen auf 29 Jahre erhöht.

Das bedeutet jedoch nicht, dass alleinstehende Männer und Frauen nicht heiraten wollen. In einer anderen Studie gaben mehr als 80% der Männer und Frauen an, dass sie einen Ehepartner gesucht hätten, jedoch ohne Erfolg. Als Grund nannten mehr als 40% die hohen Hochzeitskosten und die Sorgen um die Lebenshaltungskosten insgesamt. Ein unregelmäßiges Arbeitsverhältnis hat mittlerweile 40% aller Beschäftigten erreicht und zeigt, dass viele Menschen für niedrige Löhne arbeiten und sich in einer instabilen Situation befinden.

Wenn die Anzahl der Personen, die auf die Ehe verzichten, oder das Alter des Eheeintritts zunimmt, nimmt die Geburtenrate dadurch nicht zu. Wenn die japanische Bevölkerung nach einem Höchststand von 128 Millionen im Jahr 2010 weiter abnimmt, wird ein Rückgang auf 87 Millionen bis 2060 erwartet. Dann werden knapp 35 Millionen Japaner 65 Jahre oder älter sein.

Die wirtschaftliche Kontraktion trägt zum Rückgang der produktiven Bevölkerung bei, was die Vitalität des Landes weiter verringert. Japan scheint sich in einem Teufelskreis zu befinden. Wie können wir diesen Kurs ändern?

❖ Wörter und Phrasen

☐ Volkszählung (f) 国勢調査

☐ durchführen 実地する、行う

☐ Schätzung (f) 予想、見当

☐ sich befinden ある、いる

☐ Kontraktion (f) 縮小

☐ produktive Bevölkerung 生産人口

☐ Teufelskreis (m) 悪循環

☐ Kurs (m) 路線、方向

31 Die Ehe
結婚

　2017年に厚生労働省が国勢調査を行いました。その結果によると、50歳までに一度も結婚したことがない人の割合が、男性23％、女性14％でした。これが20年以内には、男性29％、女性19％とさらに上昇すると推計されています。1985年までは、その数値は男女とも5％未満でした。したがって、結婚していない日本人が急増していることが容易にわかります。また、平均初婚年齢も高くなっており、男性31歳、女性29歳です。

　しかし、未婚者の男女が結婚したくないわけではありません。別の調査によると、男女とも80％以上が結婚を望んでいるのです。「結婚したくてもできない」ということでしょう。その理由として、40％以上の人が、結婚資金と生活資金への不安を挙げています。全ての雇用のうち、非正規雇用は40％に達しており、多くの人が低賃金で働いていて、不安定な状態にあるのが事実なのです。

　結婚を諦める人が増え、また結婚年齢が上昇すれば、当然子どもの数は増えません。もし日本の総人口が、2010年の1億2,800万人から減り続けるとしたら、2060年には8,700万人以下になると見込まれています。そうすると、65歳以上が3,500万人になるでしょう。

　経済規模の縮小は生産人口減少の起因になり、それは国をさらに縮小させます。日本は悪循環に陥っているようです。この路線を私たちはどうやって変えることができるのでしょうか？

あなたはどう思う?

賛成・反対意見のサンプルを参考にして、自分の意見を文章にしてみましょう。

Für 賛成

1. Das Problem der Überbevölkerung wird verschwinden, wenn die Bevölkerung abnimmt.
人口が減少すれば、過密の問題も解消されるかもしれません。

2. Männer müssen in Form bleiben, wenn sie heiraten wollen.
結婚したいのであれば、男性は体形を保っておく必要があります。

3. Das Leben zu zweit ist billiger.
2人なら、1人よりもお金を使わずに暮らすことができます。

4. Frauen sind der Schlüssel zur Veränderung der japanischen Gesellschaft.
女性は、変わりゆく日本社会の鍵といえます。

Wider 反対

1. Versicherungs- und Pensionsprämien können steigen.
保険と年金の料率が上がるかもしれません。

2. Es wird einen Mangel an Pflegepersonal für ältere Menschen geben.
高齢者のためのケアワーカーが不足するでしょう。

3. Die Anzahl der Hochzeitsempfänge in der Hotelbranche nimmt ab.
ホテルで開かれる結婚披露宴の数は減少傾向にあります。

4. Die Aufnahme neuer Einwanderer wird zu einem der wichtigsten sozialen Themen Japans.
新しい移民を受け入れることは、日本における最も重要な社会的課題の一つとなるでしょう。

32 ▶ Glitzernde Namen

Das japanische Familienregistergesetz definiert die Regeln für Namen von Kindern japanischer Nationalität. Wenn sie in chinesischen Schriftzeichen (*Kanji*) geschrieben sind, müssen sie in den 2.136 in der Standardliste oder in den 985, die speziell für Namen hinzugefügt wurden, enthalten sein. Sie können auch in einer der Silbenschriften geschrieben werden: *Hiragana* und *Katakana*. Es gibt keine Einschränkung hinsichtlich der Länge oder der Art und Weise, wie die *Kanji* ausgesprochen werden.

Typische Namen waren vor langer Zeit für den Mann Taro und für die Frau Hanako. Aber die Namen änderten sich mit der Zeit und spiegelten die Trends wider. Ich mache mir seit den 1990er Jahren Sorgen darüber, wie ich es lesen soll. Es ist jetzt möglich, mit einsilbigen Zeichen seltsame Namen zu vergeben. Zum Beispiel, „Zeruda", „Saneru" oder „Knight" aus der Märchenwelt. Es gibt viele skurrile Dinge, und seit etwa 2000 werden diese als „*ki*" im Sinne von glitzernden Namen bezeichnet. Sie wurden „*kirakira* Name" genannt.

Auch wenn diese seltsamen Namen nicht gesetzlich festgelegt sind, können sie bei einer Geburtsregistrierung abgelehnt werden. In diesem Fall ist der Name genau der gleiche wie der des Elternteils. Auch gab es einen Fall im Jahr 1993, in dem einem Kind der Name „Teufel" gegeben wurde. Der Antrag wurde angenommen, aber das Justizministerium machte ihn später ungültig. Das Justizministerium sagte: Der Name ist im Sinne der konventionellen Weisheit unangemessen und widerspricht völlig der allgemeinen Weisheit. Es wurde entschieden, dass es „offensichtlich" sei.

Die Kontroverse um seltsame Namen beschränkt sich nicht nur auf Japan. Mexiko hat einundsechzig Namen verboten, darunter Hitler. Neuseeland verbietet die Verwendung von öffentlichen Titeln und Rängen wie Princess. In Japan, wo es keine genaue Kontrolle gibt, gibt es Namen wie *Sushi-chan* und *Karaoke-chan*, wobei letztere mit Schriftzeichen geschrieben sind, die „chinesische Wäschewanne" andeuten. (*-chan* ist eine Verniedlichungsform.) Eltern sollten eher an die Zukunft ihres Kindes denken als an Modenamen.

❖ Wörter und Phrasen

- Familienregistergesetz (n) 戸籍法
- Einschränkung (f) 制限
- hinsichtlich …について
- widerspiegeln 反映する
- Justizministerium (n) 法務省
- konventionell 慣習的な、定例の
- Kontroverse (f) 議論

32 キラキラネーム

　日本の戸籍法では、日本国籍を持つ子どもの名前のつけ方にルールを定めています。漢字を用いる場合は、常用漢字（2,136字）と人名用漢字（985字）の中から選ぶ必要があります。あるいは、音節文字であるひらがな・カタカナを用いることもできます。名前の長さや漢字の読み方に制限はありません。

　ひと昔前の代表的な名前といえば、男は太郎、女は花子でした。しかし、名前の流行は時代とともに移り変わります。1990年代以降、読み方で悩むような漢字を使った奇妙な名前がつけられるようになりました。例を挙げると、「是留舵（ぜるだ）」、「紗音瑠（しゃねる）」、「騎士（ないと）」などです。メルヘンチックなものが多く、2000年頃から、キラキラした名前という意味で、これらを「キラキラネーム」と呼ぶようになりました。

　こうした変わった名前は法律には明記されていなくても、出生届を出すとき、却下されることがあります。名前が親とまったく同じというケースです。また、1993年には、devilを意味する「悪魔」と子どもにつけたケースがありました。いったん申請は受理されましたが、法務省がその後に無効としました。法務省が、「社会通念に照らしてその名前は不適当であり、良識に反していることは完全に明らか」であると裁定したのです。

　変わった名前をめぐる問題を抱えているのは、日本だけではないようです。メキシコは、ヒトラーなど61の名前を禁止しています。ニュージーランドでは、プリンセスなど公的な称号や階級の使用を禁止しています。しかし、とくに規制のない日本では「寿司（すし）」ちゃんや「唐桶（からおけ）」ちゃんという名前があるのです。親は流行で選ぶのではなく、子どもの将来を考えるべきです。

賛成・反対意見のサンプルを参考にして、自分の意見を文章にしてみましょう。

Für 賛成

1. Auffällige Namen werden irgendwann alltäglich.
目立つ名前はゆくゆくはありふれたものになるでしょう。

2. Titel und Ränge sollten nicht erlaubt sein.
公的な階級や称号の使用を認めるべきではないと、私も思います。

3. Kinder mit auffälligem Namen könnten sich als etwas Besonderes betrachten.
目立つ名前を持つ人々の多くが、特別な気持ちを抱いています。

4. Auffällige Namen ermutigen ihre Besitzer, sich kreativer zu fühlen.
目立つ名前は、人々の創造性をより高めます。

Wider 反対

1. Auffällige Namen können Kindern Spaß machen, Erwachsene aber abstoßen.
目立つ名前は子どもにとってはかわいいですが、大人にとっては反発を生みます。

2. Seltsame Namen können in der Schule zu Mobbing führen.
変わった名前は学校でのいじめにつながりかねません。

3. Traditionelle Namen sind für alle einfacher.
伝統的な名前の方が、だれにとっても親しみやすいです。

4. Junge Leute können durch ihre auffälligen Namen in Verlegenheit gebracht werden.
若い人たちは、時に自分の目立つ名前のせいで恥ずかしい思いをすることもあるでしょう。

33 ▶ Shinise

Das japanische Wort *Shinise* bezieht sich auf Unternehmen mit einer langen Geschichte. Es gibt deren, die dieser Beschreibung entsprechen, in Japan mehr als im Rest der Welt. Rund 3.000 japanische Unternehmen existieren seit mindestens zwei Jahrhunderten. Das sind mehr als doppelt so viele wie in Deutschland, das an zweiter Stelle steht. Die Niederlande, an dritter Stelle, zählen ungefähr 200. Die Vereinigten Staaten zählen nur vierzehn.

Es gibt sieben japanische Unternehmen mit einer über 1.000-jährigen Geschichte. Zu diesen gehören *Kongō Gumi*, eine Baufirma mit Sitz in der heutigen Stadt Ōsaka, die im Jahre 587 gegründet wurde, oder *Keiunkan*, ein japanisches Gasthaus, das in der Präfektur Yamanashi seit dem Jahre 705 existiert. Warum gibt es in Japan so viele Firmen, die so lange existieren können? Manche behaupten, dass die Unternehmen aufgrund der nationalen Merkmale: Fleiß und Loyalität überlebt haben. Schließlich ist der Grund unbekannt.

Anhaltender Erfolg hängt wohl auch von der Fähigkeit ab, seine Anziehungskraft zu bewahren. Viele Firmen haben zu dieser Zeit ihre Produkte oder Geschäftsaktivitäten angepasst.

Zum Beispiel *Mitsukoshi*, das große und typisch japanische Kaufhaus in Nihonbashi, Tokio. Ursprünglich als ein kleines Geschäft im Jahre 1672 gegründet, nahm es seinen heutigen Namen in der *Meiji*-Ära an und wurde im Jahre 1904 ein Kaufhaus. Obwohl es einige Änderungen gab, haben sich seine grundsätzlichen Wertvorstellungen sowie das Vertrauen ihrer Kunden erhalten.

Obwohl etwas alt, aber eine Statistik aus dem Jahre 1996 besagt, dass von den 80.000 Unternehmen, die jährlich gegründet wurden, nur 5% länger als 20 Jahre existieren. Das zeigt die Schwierigkeit, ein Geschäft für lange Zeit zu betreiben. In der heutigen globalen Wirtschaft werden Geschäfte zunehmend über das Internet abgewickelt. Darüber hinaus ist die Zahl der Kinder, die ein traditionelles Familienunternehmen fortführen, zurückgegangen. Die mysteriöse Kraft der Fortsetzung eines traditionsreichen Geschäfts sollte eingehender untersucht werden.

✤ Wörter und Phrasen

☐ Merkmal (n) 特質

☐ Fleiß (m) 勤勉

☐ Loyalität (f) 忠誠心

☐ anhaltend 継続的

☐ Anziehungskraft (f) 魅力

☐ bewahren, erhalten 維持する

☐ grundsätzliche Wertvorstellung 基本的価値観

☐ Statistik (f) 統計値

☐ eingehender より詳しく

33

Shinise

老舗

　日本語の老舗というのは、長年にわたって経営されている企業という意味です。日本は、世界の他の国に比べても、この数が非常に多いのです。創業して200年以上という会社は約3,000社あります。2位のドイツの2倍以上です。3位のオランダは200社、そして米国はたったの14社です。

　1,000年以上の歴史を持つ日本企業は7社あります。中には578年創業の建設会社・金剛組（大阪府）、705年創業の旅館・慶雲館（山梨県）などがあります。そのような会社が、なぜ日本にそんなに多いのでしょうか？　理由として、勤勉で忠誠心が強い国民性を挙げる人がいます。しかし本当の理由はわかりません。

　もちろん、老舗が長期間成功してきた理由は、魅力を維持することができたからです。商品や事業内容を時代につれて変えてきたところも多いのです。日本を代表するデパートの一つ、日本橋の三越を例にとってみましょう。1672年に小さな商店として創業し、明治時代に名前を三越にしました。1904年にはデパートになると宣言したのでした。いくつかの点では変わっていますが、中心に置いている基本的な価値観と顧客の信用を維持してきました。

　少し古いですが、1996年の統計によると、毎年、8万社の企業が設立されますが、そのうち20年以上続くのはわずか5％です。長期にわたって商売を維持する困難さが示されています。経済がグローバル化し、インターネットを使った取引が増えています。さらに、家業を継ぐ子どもの数も減っています。老舗が持つ神秘的な継続のパワーは、もっと深く研究されても良いでしょう。

賛成・反対意見のサンプルを参考にして、自
分の意見を文章にしてみましょう。

Für 賛成

1. Japanische Verbraucher haben ein ausgeprägtes Gespür für
Markentreue.
日本の消費者は、ブランドに対する強いこだわりがあります。

2. Mitarbeiter in Japan sind dem Unternehmen, für das sie
arbeiten, treu.
日本の従業員は、自分が勤める会社に対する忠誠心があります。

3. Unternehmen mit einer langen Geschichte kennen die
Bedürfnisse ihrer Kunden.
長い歴史を持つ企業は、自分たちの顧客のニーズをよく理解しています。

4. *Shinise* ist an sich das Kennzeichen einer großartigen Marke.
老舗であること自体が素晴らしいブランドのしるしなのです。

Wider 反対

1. Fünfundneunzig Prozent der Unternehmen scheitern innerhalb
von 20 Jahren.
企業の95％は20年以内に倒産します。

2. Familien mit Unternehmen verlangen manchmal von ihren
Kindern, dass sie das Geschäft übernehmen.
家業のある家族は、子どもたちに会社を継ぐよう強制することがあります。

3. *Shinise* bedeutet nicht immer, dass ein Unternehmen
vertrauenswürdig ist.
老舗であるからといって、必ずしもその会社が信頼に値するとは限りません。

4. Manchmal ist das *Shinise* zu hartnäckig, um sich zu verändern.
老舗は時に、頑固すぎてより良い方向に変化することができないこともあります。

34 ▷ Verordnungen über die Stadtlandschaft

Wenn aufmerksame Besucher in Gebieten von besonderem historischen Interesse in Japan ankommen, werden sie Unterschiede bemerken. In Kyōto zum Beispiel sind die Embleme von McDonald's und KFC eintönig und die Dächer der Mini-Märkte gefliest: Sie fallen deshalb nicht auf, weil Kyōto in Bezug auf die Stadtlandschaft eine strenge Verordnung erlassen hat.

Stadtlandschaften in Japan sind im Allgemeinen nicht schön. Es gibt endlose Reihen von Telefonmasten, der Fußgängerweg an der Straße entlang ist begrenzt und die Beschilderung ist chaotisch. Auch die neuen Einzelhäuser fügen sich nicht in die urbane Landschaft ein. Städte und Dörfer erließen erst in jüngster Zeit Verordnungen, um die Situation zu verbessern.

Die Finanzen der nationalen und lokalen Verwaltungen sowie der Bevölkerung sind jedoch begrenzt. Es wird daher einige Jahrzehnte dauern, bis sich schöne Stadtlandschaften nach den vorgegebenen Richtlinien entwickeln lassen. Außerdem muss die alternde Infrastruktur berücksichtigt werden. Straßen, Wasser- und Abwassersysteme, Kraftwerke, Tunnel und Brücken müssen aufwändig gewartet werden.

Es ist unrealistisch zu glauben, dass die Erneuerung aller vorhandenen Wohnungen und Infrastrukturen über Nacht erfolgen kann. Es werden viele Pläne entwickelt, um eine nachhaltige Stadtlandschaft mit Schwerpunkt auf neuen Entwicklungen zu fördern. Techniken werden angewendet, um eine nachhaltigere Infrastruktur mit minimalen Kosten und Arbeitskräften aufzubauen.

❖ Wörter und Phrasen

☐ Stadtlandschaft (f)　都市の景観
☐ aufmerksam　注意深い
☐ eintönig　単調な
☐ auffallen　目立つ

☐ Fußgänger (m)　歩行者
☐ chaotisch　無秩序な
☐ sich^4 einfügen　適応する、なじむ
☐ nachhaltig　持続できる

34

Verordnungen über die Stadtlandschaft

景観条例

　日本国内の歴史ある地域に出かけると、観察力に優れた人なら、何かが違うことに気づくでしょう。例えば京都では、マクドナルドやKFCの看板はモノトーンで、コンビニエンスストアの屋根は瓦になっており、目立ちません。これは、京都市が厳しい景観条例を設けているからです。

　日本の街並みは、一部を除いて、さほど魅力的なものではありません。電柱が立ち並び、道路の歩行者スペースは限られていて、看板は無秩序です。新しい住宅であっても、街並みとはまったく調和していません。こうした状態を改善しようと、全国の市町村が景観条例を設けるようになったのはごく最近のことです。

　しかし国も自治体も、個人レベルでも財政は切迫しています。ガイドラインに全て沿った美しい街並みを作り上げるにはまだ数十年はかかるでしょう。また、考慮すべき劣化しているインフラもあります。道路、上下水道、発電所、トンネル、橋は全て、費用のかかるメンテナンスが必要です。

　既存の住宅やインフラを短期間で作り変えるのは現実的ではありません。新規開発を中心とすることで、持続可能な都市景観を促進するプランがたくさん考案されています。現在、最小限の経費と労力をもって、より持続可能なインフラを整備するための建築技術が採用されつつあります。

あなたはどう思う？

賛成・反対意見のサンプルを参考にして、自分の意見を文章にしてみましょう。

Für 賛成

1. Firmenschilder müssen sich in ihre Umgebung einfügen.
企業の看板は、周囲の環境に溶け込むべきです。

2. Viele Gebäude in der Innenstadt haben zu viele Schilder.
繁華街の多くの建物は、付いている看板の数が多すぎます。

3. Alle Städte sollten eine Verordnung über die Stadtlandschaft erlassen.
全ての都市が、景観条例を採択するべきです。

4. Gebäude, die in ihre Umgebung passen, sind besser als moderne Gebäude.
周囲に溶け込むようにデザインされた建物の方が、現代的なデザインよりも良いです。

Wider 反対

1. Einzelpersonen sollten in der Lage sein, ihre Häuser nach ihren Wünschen zu bauen.
個人は、自分の家を好きなように建てることができるべきです。

2. Stadtlandschaftsverordnungen sind für Unternehmen teuer.
景観条例は、企業にとっては高くつきます。

3. Viele Touristen kommen nach Japan, um dann chaotische Stadtlandschaften vorzufinden.
多くの観光客は、混沌とした都市の景観を見に□本に来るのです。

4. Es ist möglich, dass Touristen ihre Lieblingsgeschäfte nicht finden, weil diese sich zu gut einfügen.
周囲にあまり溶け込みすぎていると、観光客は自分のお気に入りの店を見つけられないかもしれません。

35 Informations- und Kommunikationstechnologie (IKT)

Bis vor kurzem war Japan als Hightech-Land bekannt. Nachdem es die Welle der jüngsten technologischen Innovationen nicht bewältigt hat, bleibt es nun hinter anderen Ländern zurück. Die fortgeschrittene Anwendung von Computern und Kommunikation wird als IT (Informationstechnologie) oder IKT (Informations- und Kommunikationstechnologie) bezeichnet. Sehen wir, was das Ministerium für Innere Angelegenheiten und Kommunikation über die aktuelle Situation aussagt.

Fast alle Haushalte haben Handys und 78% PCs. Fast 65% aller Handys sind Smartphones. Die monatlichen Gebühren für Mobiltelefone sind in den letzten zehn Jahren deutlich gesunken. Tatsächlich gehören sie zu den billigsten der Welt. Darüber hinaus hat die Zahl der Internetnutzer einen Höchststand von 100 Millionen erreicht. Die Statistiken variieren jedoch je nach Einkommensniveau und Altersgruppe der Nutzer. Es gibt drei Hauptzwecke für die Nutzung des Internets: den Austausch von E-Mails, den Kauf von Produkten und Dienstleistungen sowie Anweisungen und Verkehrsinformationen.

Die Regierung fördert aktiv den Einsatz von IKT in der Industrie. Natürlich fördert sie den elektronischen Geschäftsverkehr (EG) bei allgemeinen Geschäftsvorfällen. Sie plädiert für eine Steigerung der Produktionseffizienz im Fertigungs- und Dienstleistungssektor, einschließlich Roboter, KI (künstliche Intelligenz) und IoT (Internet der Dinge). Darüber hinaus fördert sie die Einsparung von Arbeitskräften durch die Einführung von „I-Konstruktion" in den Bereichen Bauwesen und Tiefbau sowie IKT in der Landwirtschaft.

Der Einsatz von IKT wird durch verschiedene Komponententechnologien unterstützt. Dazu gehören erstklassige japanische Roboter und biometrische Authentifizierungstechnologien. Japan wird dank seinen technologischen Beiträgen mit Sicherheit das Ruder der Welt übernehmen.

❖ Wörter und Phrasen

☐ Anwendung (f) 応用

☐ Ministerium für Innere Angelegenheiten und Kommunikation 総務省

☐ aktuelle Situation 現状

☐ Einkommensniveau (n) 所得水準

☐ Geschäftsverkehr 取引

☐ fördern 推進する、奨励する

☐ biometrische Authentifizierungsechnologie 生体認証技術

35 ICT

つい最近まで、日本はハイテク国家と評判でした。しかし今は、最近の技術革新の波に乗り切れず、諸外国に後れをとるようになっています。コンピューターと通信を高度に応用した技術をIT（Information Technology：情報技術）またはICT（Information and Communication Technology：情報通信技術）と呼びます。総務省の最新報告書を踏まえてその情勢を見てみましょう。

ほとんどの世帯に携帯電話が普及し、74％がパソコンを持っています。あらゆる携帯電話のうちスマートフォンは、ほぼ65％を占めます。携帯利用の月額料金はこの30年で大幅に下がりました。さらに、インターネットの利用者数は約1億人とピークに達しました。しかし、利用者の所得水準と年代グループによって統計値は異なっています。ネット利用には、3つの主な目的があります。メッセージ交換、商品・サービスの購入、地図・経路や交通情報の取得です。

政府は産業のICT化を積極的に奨励しています。もちろん、一般的な商取引のEC（Electronic Commerce：電子商取引）化を推進しています。ロボットやAI（Artificial Intelligence：人工知能）、IoT（Internet of Things：モノのインターネット）を組み入れた、製造業およびサービス業、両方での生産効率アップを促進しています。それに加え、i-Constructionの建築土木分野への導入や、農業にICTを取り入れるといった省力化を支援しています。

ICT活用は、さまざまな要素や技術によって支えられています。この中には、世界トップクラスの日本のロボットや、生体認証技術などがあります。日本が技術貢献で再び世界をリードするのは確かなことでしょう。

あなたはどう思う?

賛成・反対意見のサンプルを参考にして、自分の意見を文章にしてみましょう。

Für 賛 成

1. Roboter werden nützlich sein, um Japans Arbeitskräftemangel zu lösen.
ロボットは、日本の労働力不足の解決に役立つでしょう。

2. Die biometrische Sicherheitstechnik wird in Zukunft an Bedeutung gewinnen.
生体認証によるセキュリティ技術は、将来いっそう重要になるでしょう。

3. Die Nutzung von Smartphones hat zu einer Zunahme der Online-Einkäufe geführt.
スマートフォンの利用が、オンラインショッピングの増加につながっています。

4. Die Technologie des Online-Handels hat es vielen Unternehmen ermöglicht, zu wachsen.
オンラインビジネスの技術によって、多くの企業が成長してきました。

Wider 反 対

1. Die japanische Regierung tut nicht genug, um IKT-Unternehmen zu fördern.
日本政府はICT企業に対し、十分な支援を提供していません。

2. In Japan gibt es zu viele Vorschriften für neue Unternehmen.
日本には、新規企業に対する規制が多すぎます。

3. Zu viel Zeit im Internet hat eine asoziale Wirkung.
オンラインで時間を使いすぎると、社会性に欠ける人になります。

4. Die Robotik könnte ganze Industrien ersetzen.
ロボット技術が、あらゆる産業に取って代わるかもしれません。

音読JAPAN <ruby>ヤーパン</ruby>
ドイツ語でニッポンを語ろう!

2021年7月4日　第1刷発行

著　者　　浦 島　久

訳　者　　チャールズ・ドゥ・ウルフ

発行者　　浦　晋 亮

発行所　　IBCパブリッシング株式会社
　　　　　〒162-0804 東京都新宿区中里町29番3号 菱秀神楽坂ビル9F
　　　　　Tel. 03-3513-4511 Fax. 03-3513-4512
　　　　　www.ibcpub.co.jp

印刷所　　株式会社シナノパブリッシングプレス
CDプレス　　株式会社ケーエヌコーポレーションジャパン

© 浦島久 2018
© Charles De Wolf 2021

Printed in Japan

落丁本・乱丁本は、小社宛にお送りください。送料小社負担にてお取り替えいたします。
本書の無断複写(コピー)は著作権法上での例外を除き禁じられています。

ISBN978-4-7946-0623-5